法藏知津

中國佛教研究集成

初　編

杜潔祥　主編

第 33 冊

般若學對魏晉玄學課題的深化與開展：
以《肇論》為中心

羅　因　著

花木蘭文化出版社

國家圖書館出版品預行編目資料

般若學對魏晉玄學課題的深化與開展：以《肇論》為中心／羅
因　著—初版—台北縣永和市：花木蘭文化出版社，2010〔
民99〕
目 4+174 面：19×26 公分
（法藏知津——中國佛教研究集成 初編：第 33 冊）
ISBN：978-986-254-215-6（精裝）
1. 佛教教理　2. 玄學　3. 魏晉南北朝哲學
220.1　　　　　　　　　　　　　　　　　　　　　99002664

ISBN - 978-986-254-215-6

9 789862 542156

法藏知津——中國佛教研究集成
初　編　第三三冊　　　　　　　ISBN：978-986-254-215-6

般若學對魏晉玄學課題的深化與開展：
以《肇論》爲中心

作　者　羅　因
主　編　杜潔祥
總編輯　杜潔祥
印　刷　普羅文化出版廣告事業
出　版　花木蘭文化出版社
發行所　花木蘭文化出版社
發行人　高小娟
聯絡地址　台北縣永和市中正路五九五號七樓之三
　　　　　電話：02-2923-1455／傳眞：02-2923-1452
電子信箱　sut81518@ms59.hinet.net
初　版　2010 年 3 月（一刷）　2010 年 8 月（二刷）
定　價　初編 36 冊（精裝）新台幣 55,000 元　　版權所有‧請勿翻印

般若學對魏晉玄學課題的深化與開展：
以《肇論》爲中心

羅因　著

作者簡介

羅因，中學時期就已經對中國文學產生濃厚興趣。民國七十九年以第一志願考取台大中文系。大學期間，除了深受中國文學感動之外，又開啟了對中國思想，尤其是《老》、《莊》哲學的驚奇。在就讀台大中文研究所和博士班期間，追隨林麗真教授從事魏晉時期玄學與佛學交涉問題之研究。著有《僧肇思想研究——兼論玄學與般若學之交會問題》、《「空」、「有」與「有」、「無」——玄學與般若學交會問題之研究》、〈僧肇〈物不遷論〉後設基礎的檢視〉、〈安世高禪學思想的研究——兼論漢末道教養生術對禪法容受的影響〉、〈中國佛教徒對《金剛經》「無我」、「無相」思想的詮釋〉、〈漢魏六朝中陰身思想研究〉等專書及單篇論文。

提　要

　　本文以《肇論》為主軸，旁及相關的玄學論題，透過玄學、般若學的鋪陳與比較，呈現兩者的同異，從而使我們對玄學與般若學的交會問題多一分瞭解。本文在討論《肇論》的思想時，採取學術史的溯源方法，追溯說一切有部為主的學說，以此貞定般若中觀學派的辨破焦點，確定中觀學派的基源問題，並以此方法把握《肇論》的旨趣。

　　「般若」是諸佛同證的智慧，但在魏晉時代卻不容易為人理解，因此，僧肇便作〈般若無知論〉來解釋「般若」的認知作用，根據「般若的梵文 prajña（巴：paññā）的理解，「般若」是指認知活動之前的智照作用，因此是一種不取相的覺照作用。

　　透過對說一切有部法體實有說的追述，可以讓我們瞭解到般若中觀學派「空」觀念的提出，是用來消解法體（即本體）實有說。僧肇〈不真空論〉即在解釋般若中觀學的「空」觀念。

　　說一切有部認為「法體」是恆存於過去、現在、未來三世的，這就構成了「三世實有、法體恆存」的學說思想。而〈物不遷論〉就是透過對實有的動法的破斥，來開顯「空」的義理，在此理境中，建立動靜不二的動靜學說。

　　說一切有部的法體實有說不僅適用於有為法，同時也適用於無為法，因此「涅槃」是有實在的法體的，這種見解當然也不被中觀學派接受，僧肇的〈涅槃無名論〉正是要透過「涅槃」的不可言說，來傳達「涅槃」無體相、無狀無名的思想。

　　在探討玄學與般若學交會的部分，本文從玄學中攝取「聖人觀」、「有無」、「動靜」與「言意」四個主題，作為玄學與般若學比較的焦點。發現在言意問題上，般若學的態度與王弼等所主張的忘言忘象得意論基本一致。但在其餘的三個問題上，卻與郭象的學說頗為相應，這也就是般若學能在東晉（郭象學流行數十年之後）盛行與被瞭解的原因之一。透過以上問題的探討，發現般若學確能提供我國思想界另一思考空間，故能在兩晉時代風靡一時。

目

次

緒　論

一、研究目的

　　佛教自傳入中國以來，[註1] 其始只是與方術之士合流，甚深佛理尚無所發明。漢靈帝時，支婁迦讖（147A.D～？）首先譯出《道行般若經》（179A.D.），爲我國有般若經之始。其後支婁迦讖再傳弟子支謙（生卒年不詳）異譯爲《大明度無極經》（222～253A.D.），另外，支謙又譯出《維摩詰經》（222～253A.D.）。

　　魏世朱士行（203～282A.D.）曾於洛陽開講《道行般若經》，但於文義往往不通，又深感此經是大乘佛教之法要，因爲翻譯品質不良，意義首尾頗有隔礙，

〔註1〕　有關佛教的傳入年代，文獻上有種種的異説，如「大禹時伯益已知有佛説」、
　　　　「劉向已知有佛説」、「佛教於公元前三世紀傳入説」（以上見晉・宗炳《明佛
　　　　論》）；「漢武帝時始聞佛教説」（北齊・魏收《魏書・釋老志》）；「秦始皇時佛
　　　　教初傳説」（隋・費長房《歷代三寶》）；「孔子已知有佛説」（唐・道宣《廣弘
　　　　明集》）。以上諸説經學術界的討論，均認爲不可能。此外，在古典文獻中，
　　　　後漢明帝永平求法一事，常被提及。不過，永平求法一事的眞實性，學界頗
　　　　有爭議，如湯用彤和任繼愈都承認此事的基本眞實性。但是，呂澂、鎌田茂
　　　　雄、中村元則認爲此事並非事實。又，比永平求法事更早的，可以上溯到漢
　　　　哀帝元壽元年（2B.C.），博士弟子景盧從大月國王使者伊存口授浮屠經事，
　　　　此事一般被視爲事實。則佛教的傳入年代，可能早在公元前後。有關佛教傳
　　　　入年代的詳細論述參見湯用彤：《漢魏兩晉南北朝佛教史》（臺北，鼎文書局，
　　　　1976年再版）。呂澂：《中國佛學思想概論》（臺北，天華出版社，1982年初
　　　　版）。中村元著，余萬居譯：《中國佛教發展史》（臺北，天華出版社，1984
　　　　年初版）。鎌田茂雄著，關世謙譯：《中國佛教通史》第一冊（台灣，高雄，
　　　　佛光出版社，1994年1月初版）。羅因：《「空」、「有」與「有」、「無」——
　　　　玄學與般若學交會問題之研究》，（國立台灣大學文史叢刊121號，台灣大學
　　　　出版委員會，2003年7月初版）。

於是誓願遠赴西域，求取《大品般若經》。遂於魏高貴鄉公甘露五年（260A.D.）西行求法，得般若經正品梵書九十章，是為《放光般若經》。〔註2〕於西晉武帝太康三年（283A.D.）遣弟子把此經送達本國。

《放光般若經》在晉惠帝元康二年（292A.D.）譯出，此時正值中土玄學盛行，般若學在這股思潮的鼓動之下，也逐漸流行。名僧講說般若經典，聽者動輒以百數，例如竺法汰（320～387A.D.）止瓦官寺，晉簡文帝（371～373A.D. 在位）請講《放光般若經》，開講之日，帝親臨幸，王侯公卿畢至，士女成群，三吳負帙而至者千數；此外，道立（生卒年不詳）、法遇（生卒年不詳）等講《般若經》也是聽者雲集。〔註3〕高僧開講《般若經》，不僅士庶雲集，而名士也有在專研老莊之餘，兼習《般若經》的，如殷浩讀《般若經》，就稱讚說：「理亦應這個上」。〔註4〕兩晉僧人談論般若思想者甚多，頗有繼玄學清談之後，再掀言論高峰之勢，歷史上稱為「六家七宗」，可見般若學廣為魏晉僧俗士人的歡迎。

佛教乃起源、發展於印度的一個異國文化產物，與中國傳統文化無論在社會、歷史、文化背景，還是在風俗民情等各個方面，都有著非常大的差異。因此，以傳統文化為背景的中國士人，要瞭解一個完全陌生的異國文化，確實並不容易。為了方便國人理解佛理，遂有「格義」的運用。據《高僧傳》所載，格義的方法，創始於竺法雅（生卒年不詳）。〔註5〕以佛經中事數，與我國原有的思想相配，例如，以歸依佛、法、僧的「三歸」與君子畏天命、畏大人、畏聖人之言的「三畏」相配；又以佛教不殺生、不偷盜、不邪淫、不妄語、不飲酒的「五戒」與儒家的仁、義、禮、智、信相配。〔註6〕這種做

〔註2〕 梁・慧皎：《高僧傳》：「士行嘗於洛陽講道行經，覺文章隱質諸未盡善，每歎曰：『此經大乘之要，而譯理不盡。』誓志捐身，遠求大本。遂以魏甘露五年發跡雍州，西渡流沙，既至于闐。果得梵書正本凡九十章。《大正新脩大藏經》（以下簡稱大正）五十冊，No.2059，P346b）。

〔註3〕 參見梁・慧皎著《高僧傳》〈竺法汰傳〉、〈道立傳〉及〈法遇傳〉，大正五十，No.2059。

〔註4〕 《世說新語・文學篇》二十三條記曰：「殷中軍見佛經云：『理亦應阿堵上。』」四十三條說：「殷中軍讀小品，下二百籤，皆是精微，世之幽滯」。可見殷浩確曾研讀《般若經》，而且用力頗深。

〔註5〕 梁・慧皎《高僧傳・法雅傳》：「法雅，……少善外學，長通佛義。衣冠士子咸附諮稟。時依門徒並世典有功，未善佛理，雅乃與康法朗等，以經中事數，擬配外書，為生解之例，謂之格義。」（大正五十冊，No.2059，P347a）。

〔註6〕 《三國志・魏書》卷一百十四〈釋老志〉，（臺北，鼎文書局，1984年五版），

法雖然有助於國人對於佛教的理解與接受，但是，也在某種程度上曲解了佛教的原意，並不能完全符合佛經的意義，因此，道安（312～385A.D.）就批評說：「先舊格義於理多違」。〔註7〕但是，如果純粹只講佛經義理，確實增加國人的理解困難，慧遠（334～416A.D.）曾與客辯實相義，往復移時，彌增疑昧，後遠乃引莊子為連類，於是惑者曉然。〔註8〕道安雖然反對格義，但對於慧遠引老莊解佛經的事，也不加反對，並特聽慧遠，不廢俗書。其實不但是道安如此，即使是當時名流，釋教老莊並談者，亦大不乏人。〔註9〕

　　我以為，就當時以老莊解說佛經一事，有兩方面的意義，一方面固然可以幫助國人對佛經義理的了解，但是卻也因此造成理解上的障礙，正如 Richard H. Robinson 所說的：「宣揚新進傳入之佛法者，以及倡導應著力於『本土化』者，在向當時之人宣導新觀念時都遭遇到同樣的問題，其聽眾先前所學習的一切，以及他們用於傳達其概念的各類組織，有時是一種障礙，有時是一種助緣」。〔註10〕鳩摩羅什來華前的般若學，因著玄學思潮而興起而受到重視，但也未嘗不是因為受到玄學貴無派思想的影響，六家七宗大多無法真切地理解般若空義。另一方面，國人之所以能夠以老莊玄學來幫助佛經的理解，這也反映出老莊玄學與佛教（尤其是般若學）之間，有著某種程度的相應。再者，就般若學在魏晉時代大受歡迎，並繼玄學之後再度掀起談論高潮的史實來看，我們都不得不說玄學與般若學之間應該存在著某種相似的特質。

　　就僧肇與玄學思想的關係，已頗有學者談及，如福永光司在其〈僧肇と老莊思想——郭象と僧肇〉一文中，已經就郭象與僧肇的思想進行了分析比較，把僧肇視為郭象的繼承者。〔註11〕Liebenthal，*The book of Chao* 認為僧肇所使用的語言大部份是道家的，但是，雖然充滿道家語言及類型，卻沒有顯示出道家之世界觀。〔註12〕蔡纓勳《僧肇般若思想之研究》就《肇論》引用

　　　頁 3026。

〔註7〕　梁‧慧皎《高僧傳‧釋僧光傳》，大正五十冊，No.2059，P355a。

〔註8〕　梁‧慧皎《高僧傳‧慧遠傳》，大正五十冊，No.2059，P358a。

〔註9〕　請參閱湯用彤先生《漢魏兩晉南北朝佛教史》，頁 236。

〔註10〕Richard H. Robinson 著，郭忠生譯：《印度與中國的早期中觀學派》（台灣，南投，正觀出版社，1996 年 12 月初版），頁 17。

〔註11〕福永光司：〈僧肇と老莊思想——郭象と僧肇〉，收於塚本善隆編：《肇論研究》（京都，法藏館，昭和 30 年），頁 252～271。

〔註12〕Liebenthal，Walter，the Book of Chao（Peking：Catholic University Press，1948），P7。

老莊的詞彙文句進行了一番稽考鉤沈的工作，發現〈不真空論〉、〈物不遷論〉和〈般若無知論〉三篇論文，引用老莊文句字詞共二十九處之多。〔註13〕

　　本書在討論《肇論》與玄學交涉的問題上，並不只是以郭象與僧肇思想作比較分析而已，也不再停留在文句詞彙的考究上，而是更進一步把僧肇安放在整個玄學發展的歷史洪流之中，根據《肇論》的四篇論文，選取玄學相應的課題：聖人觀、有無觀、動靜觀、言意觀等四個論題，作深入的考察。探討從王弼、郭象玄學以迄僧肇般若思想的發展跡漸，呈現玄學與般若學在思想上的某些相應特質，以及《肇論》在玄學課題上的深化與開展。

二、《肇論》的研究成果及本書的研究方法

　　關於僧肇的研究，目前大部分仍集中在《肇論》的思想、《肇論》的真偽等問題上，諸如僧肇的般若思想研究、〈涅槃無名論〉的真偽問題、僧肇的中觀哲學形態、《肇論》的譯註及《肇論》的流傳等。至於站在玄學與般若學交涉的角度來討論《肇論》者，目前則仍屬少數。

　　本書的題目是：「般若學對魏晉玄學論題的深化與開展：以《肇論》為中心」。研究方法是以《肇論》為主軸，透過玄學、般若學的相關課題的鋪陳與比較，呈現兩者的同異，從而使我們對玄學與般若學的交會問題多一分瞭解。這是以前的相關研究比較少做的。當然，玄學與般若學的交會，是一個多面向的問題，諸如政治環境、學術思潮、士人的生活形態等，都可能對兩種學問的交會產生影響。本文則只從學術思想方面來探討這一問題，因此，所得的結論，頂多在學術思想的層次，呈現玄學與般若學交涉的一些內在因素，而不是要以此作為這一問題的全部解答。

　　玄學思想滲入般若思想，乃是因為國人以玄學理解般若學的結果，我國早期的般若學家大多因為受玄學的影響，而無法對般若空義有一確切的把握。我以為，要探討兩種思想的交會，必須對兩種思想都有確切的理解，方能真切地顯示彼此得以交融互攝的原因所在。我以《肇論》作為與玄學比較的對象，乃是因為《肇論》是國人理解般若思想的成熟作品，它可以充分地呈現般若思想所討論的中心問題。因此以《肇論》的思想與玄學的相關論題作一比較，兩者的同異便立見分曉。而早期般若學之所以能夠以玄解佛的原

〔註13〕蔡纓勳：《僧肇般若思想之研究》（國立台灣師範大學七十三學年碩士論文，指導教授：黃錦鋐教授）。

因，和以玄解佛爲何會發生偏差等問題，都將可以得到較爲清晰的解答。

　　又，《肇論》是解釋般若學的作品，而《般若經》是說「空」的大乘經典，龍樹以前的大乘學者，雖然闡揚法法空寂的深義，但還缺少嚴密的論述。到了龍樹，建立精嚴綿密的觀法，批評一般聲聞學者的似而非眞，確立三乘共貫的大乘法幢，他的作品很多，可分爲二大類：一、抉擇深理的，如《中觀論頌》、《七十空性論》、《六十如理論》、《迴諍論》等。這都是以論理的觀察方式，開顯諸法的眞實相。二、分別大行的，如釋《般若經》的《大智度論》、釋《華嚴‧十地品》的《十住毘婆沙論》。這都是在一切空的深理上，說明菩薩利他的廣大行。其中《中觀論頌》，是龍樹抉擇深理諸論的根本論。所以，有人稱龍樹系爲中觀派。〔註14〕般若中觀學派基本上是以破爲立的，他破斥了小乘、外道執實有自性者。〔註15〕所破斥的對象，可謂非常廣泛，部分或許可以指出某一品某一頌是破斥什麼對象的，但是，也有些部分可能已經無法確切指出所破的對象了。正如印順法師所說的：《中（觀）論（頌）》的觀門，是觀破自性的方法，知道了這破斥的方法，凡是執著實有的，也什麼都可破。〔註16〕

　　因爲，本書並不是專門討論《中論》的作品，書中討論到《中論》思想的部分，也都只是圍繞著《肇論》的相關論文而稍作思想史上的溯源而已。所以，對於書中所論及《中論》的部分，並不打算逐一稽查其所破斥的對象，而僅述及佛教說一切有部的相關論點。之所以這樣做的原因，並不是說我認爲說一切有部的意見是《中論》破斥的唯一對象，而是因爲（1）龍樹是學貫南（南方佛教重一切性空）北（北方佛教重三世法相實有）的學者，（2）當時說一切有部「三世實有，法體恆存」的學說在北方勢力頗大。因此，敘述說一切有部的觀點，可說是頗具典型意義。

　　本文透過對說一切有部法體實有說〔註17〕的追述，可以讓我們瞭解到般

〔註14〕印順：《中觀論頌講記》（臺北，正聞出版社，2000年，新版一刷），頁2。

〔註15〕同前註。又 Richard H. Robinson 也有類似的說法，Richard H. Robinson 著，郭忠生譯：《印度與中國的早期中觀學派》，頁34～35 說：「筆者乃是從中觀系統中抽離出一系，而該系統反過來描述了小乘、外道及中國異論者的看法。再者，該等小乘及其他的系統又是在描述世間。而某些所眾描述的著作談及了其他佛教徒或是非佛教徒的論點，而該等論點乃是論及事實界。職是之故，對此等中觀著作的描述乃是有關『實在』之諸系統所歸納出來的系統再從該系統抽離出另一更高層次的系統」。

〔註16〕印順：《中觀論頌講記》，頁33～34。

〔註17〕說一切有部認爲只持有一個本體與一個機能的東西才是究竟的要素，如果有

若中觀學派「空」觀念的提出，是用來消解自性（即法體、本體）實有說的。僧肇〈不真空論〉即在解釋般若中觀學的「空」的觀念。因此他所說的「諸法虛假不真，不真故空」，並不是說現象的不存在，而是否定現象背後有一不變的永恆本體。

說一切有部的「法體」不但是平面的作為萬法的本體，而且還是恆存於過去、現在、未來三世的，這就構成了「三世實有，法體恆存」的學說思想。運動是指同一物體從一時空轉移到另一時空。《中觀》的〈觀去來品〉可以說是透過對運動的辨破來否定法體的三世恆存。同樣，〈物不遷論〉也是透過對實有的動法的破斥，來開顯「空」的義理，在此理境中，建立動靜不二的動靜學說。

法體實有說不僅適用於有為法，同時也適用於無為法，因此三種無為——擇滅無為、非擇滅無為、虛空無為〔註 18〕均有實在的法體，如擇滅法體、非擇滅法體、虛空法體。「涅槃」屬於擇滅無為，因此「涅槃」是有實在的法體的，這就等於說「涅槃」是有所得的。這種見解當然也不被中觀學派接受，《中論·觀涅槃品》就是在破斥「涅槃實有」說的。僧肇的〈涅槃無名論〉則是透過「涅槃」的不可言說，來傳達「涅槃」無體相、無狀無名的思想。

在探討玄學與般若學交會的部分，本書採取以僧肇四論為主軸，與玄學的相應論題作比較的方法，以突顯玄學與般若學的同異，從而透視玄學與般若學交會的思想理路。

〈般若無知論〉討論的是聖智有知無知的問題，也就是對聖人的認知模式的探討。玄學中雖然都注意到聖心的特殊認知能力，如王弼所說的「神明」或「玄覽」，郭象所說能玄同彼我的聖者的心靈。但是本文在探討玄佛交會的問題時，是以玄學的談題為主，與僧肇的四篇論文作一比較。而聖人的特殊認知能力並不是玄學的主要談題，因此筆者以獨立的一章來討論〈般若無知論〉的思想。這就是本文的第一章　「〈般若無知論〉思想探討」。

兩個本體與兩個機能組成的東西，只是和合體，並不是真正的存在。說一切有部分析現象諸法得到「五位六十七法」（《阿毘達磨法蘊足論》）的最後單位（極微），作為諸法的本體。現象的東西是和合的假有，而法體（即極微）卻是自性有的真實存在。這就是說一切有部的「法體實有」說。

〔註 18〕用真智選擇佛法，修成涅槃之果，證無為之境，名擇滅無為；凡事無能生之因緣，或有因而缺緣，則畢竟不生，合於無為宗旨，名非擇滅無為；虛空遍一切處，既是虛空，自然無生滅變化，名虛空無為。

僧肇對於聖人的描述也散見於其他的論著，但卻以〈般若無知論〉的描寫較多，而且〈般若無知論〉所描述的聖人境界，又可與玄學的聖人觀作比較。因此，在完成〈般若無知論〉思想探討之後，便立「從玄學到《肇論》聖人觀的深化與開展」一章，以比較玄學與僧肇（代表般若學）的聖人觀。

〈不眞空論〉討論的是現象與本體的問題，相當於玄學的「有無本末」的論題。因此我把「玄學對有無問題的探討」與「〈不眞空論〉思想探討」合起來，成爲本文的第三章——「從玄學到《肇論》有無觀的深化與開展」。

此外，僧肇在〈不眞空論〉中所破斥的般若三宗（心無宗、即色宗、本無宗）都在解釋般若經所說的「色即是空」的義理，因此也是關於「有無」問題的議論，所以也放在第三章討論。在這些尚未成熟的般若學說中，立說者常以玄學思想（尤其是貴無派思想）來理解般若性「空」學，如本無宗以爲「空」（或譯作「無」）爲萬物的本體，完全是受到玄學「本無末有」思想的影響。

〈物不遷論〉討論的是運動的問題，玄學中也有相關的論題。因此我把玄學對動靜問題的探討與〈物不遷論〉思想探討合在一章來討論，這就是本文的第四章——「從玄學到《肇論》動靜觀的深化與開展」。

〈涅槃無名論〉討論的是「涅槃」可否言說的問題。僧肇以「涅槃」無體相來論證「涅槃無名」。[註19] 此外，本論又涉及「涅槃」的一異、修證的頓漸等問題。因爲玄學中沒有相應的論題，因此本文的第五章單獨討論這篇論文：即「〈涅槃無名論〉思想探討」。

〈涅槃無名論〉雖然旨在探討「涅槃」無相無名的問題，但此中已涉及言說可否傳達精微之理的問題，這便與玄學的言意之辨的論題相應，因此緊接著第五章之後，比較玄學與僧肇對於言意問題的意見。這就是本文的第六章——「從玄學到《肇論》言意觀的深化與開展」。

三、《肇論》的體系

今本《肇論》收在《大正新修大藏經》四十五冊，共有五篇文章，分別

[註19] 嚴格説來，〈涅槃無名論〉是要辯明涅槃無體無相的觀念，而僧肇卻反過來從涅槃無體相來論證涅槃之不可名狀，篇名也不用〈涅槃無體（或無相）論〉，而用〈涅槃無名論〉這樣的題目，一方面可能受到《老子》「道可道非常道，名可名非常名」的啓發，以不可道、不可名來説明涅槃的無體無相；另一方面，用這個篇名也有可能是投合當時言意之辨的學術潮流。

是：〈宗本義〉、〈物不遷論〉、〈不眞空論〉、〈般若無知論〉、〈涅槃無名論〉。〈宗本義〉一文，學術界一般認爲不是僧肇所作，湯用彤先生《漢魏兩晉南北朝佛教史》在列舉僧肇的作品時，沒有〈宗本義〉一文。李潤生則認爲〈宗本義〉是後人編輯四論時，冠於篇首之作。〔註20〕其他研究僧肇思想的著作，也多不及〈宗本義〉。〈涅槃無名論〉是《肇論》中最受爭議的文章，湯用彤先生首倡此論爲僞作，日人橫超慧日論證〈涅槃無名論〉是僧肇之作，可謂不遺餘力，當代學者也頗有認爲〈涅槃無名論〉是僧肇眞品者。〔註21〕若以般若的思想體系而言，「般若」是聖智，是成佛的因，「涅槃」是眾聖同證的境界，是成佛的果。有因有果，才算是一完整的體系，因此，我仍然把此論納入討論的範圍。

　　元康《肇論疏》根據今本《肇論》的次序，認爲〈物不遷論〉是明有，申俗諦教；〈不眞空論〉明空，申眞諦教；〈般若無知論〉明因，申般若教；〈涅槃無名論〉明果，申涅槃教。〔註22〕按照元康的意見，《肇論》的思想架構是依四教而展開的，爲了清晰起見，可以表解如下：〔註23〕

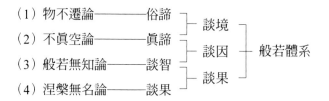

（1）物不遷論————俗諦　┐
　　　　　　　　　　　　├ 談境 ┐
（2）不眞空論————眞諦　┘　　│
　　　　　　　　　　　　　談因 ├ 般若體系
（3）般若無知論———談智　┐　│
　　　　　　　　　　　　├ 談果 ┘
（4）涅槃無名論———談果　┘

〔註20〕李潤生《僧肇》（臺北，東大圖書，民國78年），頁30。

〔註21〕〈涅槃無名論〉的眞僞問題，湯用彤先生在其《漢魏兩晉南北朝佛教史》（頁670）中，首先提出〈涅槃無名論〉不是僧肇的作品。此後，湯氏弟子石峻在其師的基礎上論證〈涅槃無名論〉非僧肇之作品。佛教學者呂澂所著之《中國佛學源流略講》卻認爲〈涅槃無名論〉是僧肇的作品，因此呂氏在討論《肇論》時，是四論兼備的。奧國學者 W.Leibenthal 在翻譯《肇論》時，採折衷的辦法，認爲〈涅槃無名論〉部分經後有竄改。日本學者橫超慧日〈涅槃無名論とその背景〉一文，針對湯氏之說一一駁辨，認爲〈涅槃無名論〉確是僧肇所作。此外，我國佛教學者賴鵬舉從思想淵源上考證，認爲僧肇〈涅槃論〉之「階差」、「頓漸」乃延續什公與慧遠在《大乘大義章》中之辯，而且論中的思想與其他三論一致。最近，邱敏捷〈「宗本義」與「涅槃無名論」的作者問題〉一文，從思想和文獻考據等方面，論證〈涅槃無名論〉應該是僧肇之作。這是有關〈涅槃無名論〉眞僞問題在學術界所引發的討論以及學界意見的概況。

〔註22〕唐・元康《肇論疏》，大正四十五冊，No.1859，P166c。

〔註23〕此表乃採自李潤生《僧肇》，頁30。

　　但是，根據梁・慧皎《高僧傳》所載，僧肇最先寫作的，是〈般若無知論〉，其次是〈不眞空論〉、〈物不遷論〉，最後是〈涅槃無名論〉。〔註24〕如果按照《高僧傳》的次序，那麼《肇論》的創作並不是由俗諦而入於眞諦，再談般若智與涅槃果，而是先談智，再談智所觀的境，最後談涅槃果。

　　僧肇〈物不遷論〉對運動的辨破，其實是繼承中觀學派否定法體「三世恆存」學說而發的，因此，我認爲〈物不遷論〉是明眞諦，並不是像元康所說的明有申俗諦教的（詳見本文第四章）。

　　若就《肇論》的思想體系而言，〈般若無知論〉明聖智，是成佛的因；〈不眞空論〉和〈物不遷論〉是聖智所觀的眞境；〈涅槃無名論〉是成佛的果。這樣也可以自成系統。況且，元康四教之說，可能是受到隋唐判教的思想影響，以判教的思考模式來理解《肇論》的思想架構。但基本上，我並不認爲〈物不遷論〉是明俗諦教，因此不採元康之說，而以《高僧傳》的次序作爲《肇論》的思想架構。這樣，就可以把上表作如下的改動：

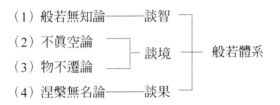

　　本書對於《肇論》的討論，基本上是按照這一體系而展開的，因此，最先探討的，是〈般若無知論〉，其次是〈不眞空論〉、〈物不遷論〉，最後是〈涅槃無名論〉。

〔註24〕梁・慧皎《高僧傳・釋僧肇傳》，大正五十冊，No.2059，P365b。

第一章　〈般若無知論〉思想探討

第一節　思想淵源

　　般若的梵文是 prajñā（巴：paññā），是「教訓、報知、識別、判斷、了解、知、慧」等的意思，漢譯作「慧、妙慧、勝慧、智、智慧」〔註 1〕等，爲了與一般世俗的智慧區分，古德多取其音譯。在南傳佛教的阿毘達磨《法集論》（Dhamma-Saṁgāni）中，般若被視爲正見（samyag-dṛṣṭi）、慧根（prajñendriya）、慧力（prajñā-bala）、無癡（amoha）、正知（Samyakjñāna）、觀（vipaśyanā）的同義語。在漢譯說一切有部的《集異門足論》中，則與正知、見淨（dṛṣṭi-viśuddhi）、慧（prajñā）是同義語。在《舍利弗阿毘曇論》中，慧根與正見也有著相同的定義。〔註 2〕因此，若從能阿毘達磨論書對於這些同義語如慧根或慧力的定義進入，或許有助於我們對「般若」的瞭解。在《集異門足論》中，曾經對「慧」作這樣的定義：

> 慧云何？答：若依出離、遠離所生善法，於諸法相能簡擇、極簡擇，
> 廣說乃至毘缽舍那，是名爲慧。〔註 3〕

《集異門足論》把「慧」（prajñā）界定爲依出離所生的善法，能於佛法諸法

〔註 1〕　荻原雲來博士編纂：《梵和大辭典》（臺北，新文豐出版社，1979 年 10 月初版），頁 824。

〔註 2〕　水野弘元著，釋惠敏譯：《佛教教理研究——水野弘元著作選集（二）》（臺北，法鼓文化，2000 年初版），頁 69～75。

〔註 3〕　《集異門足論》，大正二十六冊，No.1536，P423b。

相起簡擇作用，簡擇、極簡擇，最極簡擇，解了、等了、近了、遍了，機點、通達、審察、聰叡，覺明、慧行、毗缽舍那（vipaśyanā，止觀），是名爲慧。〔註4〕也就是說，能於佛法諸法相起思維簡擇乃至遍了佛法眞義，從而生起點慧聰叡的能力，就是所謂的「慧」。

　　「依出離、遠離」所生的善法，也就是說依於出離三界所生的無漏善法。這在《舍利弗阿毘曇論》對於慧（慧根）的定義中，有更清晰的界定：

> 云何慧根？學人離結使，乃至即得阿羅漢果。若實人、若趣，若法中擇，重擇，究竟擇。擇法思惟、覺、了達自相、他相、共相、思持、辯、進辯、慧、知見、解脫、方便、術焰、光明照耀、慧眼、慧力、擇法、正覺、不薄（不癡），是名慧根。〔註5〕

首先，慧根的梵文是 prajñendriya，是 prajñā＋indriya 的複合詞。prajñā 是慧、智慧，即般若，indriya 是根。indriya 有「活力、感官、感覺、感能」等意思。〔註6〕這樣，慧根就是指智慧的官能、智慧的能力，或可稱爲智體。因此，以上引文，就是《舍利弗阿毘曇論》對於智體的定義。

　　其次，所謂「學人」，根據《舍利弗阿毘曇論》的定義，就是指在證得阿羅漢果（arhat）之前的趣須陀洹果證人（srotāpatti-pratipannaka，或譯：須陀洹向、預流向）、須陀洹果（srota-āpanna，或譯：預流）、趣斯陀含果證人（sakṛdāgāmi-pratipannaka，或譯：一來向）、斯陀含果（sakṛd-āgāmin，或譯一來）、趣阿那含果證人（anāgāmi-pratipannaka，或譯：不還向）、阿那含果（anāgāmin，或譯：不還），和趣阿羅漢果證人（arhat-pratipannaka，或譯：阿羅漢向）等七種人。〔註7〕《集異門足論》所說的「依出離、遠離」，嚴格的說，就是《舍利弗阿毘曇論》所說的「學人離結使，乃至即得阿羅漢果」。

　　上引《舍利弗阿毘曇論》中的「實人」、「趣人」，根據水野弘元的解讀，「實人」是指「聖者」，「趣人」是指「輪迴的凡夫」，認爲《舍利弗阿毘曇論》對慧根的定義是涵蓋凡聖全體的說明。〔註8〕但是，我以爲：所謂的「實人」就是指證果的人，包括須陀洹果、斯陀含果、阿那含果和阿羅漢果四種人；

〔註4〕　廣說以下內容根據《集異門足論・三法品》補充，大正二十六冊，No.1536，P387c。

〔註5〕　《舍利弗阿毘曇論》，大正二十八冊，No.1548，P560c-561a。

〔註6〕　荻原雲來博士編纂：《梵和大辭典》，頁229。

〔註7〕　荻原雲來博士編纂：《梵和大辭典》，P586a。

〔註8〕　水野弘元著，釋惠敏譯：《佛教教理研究——水野弘元著作選集（二）》，頁75。

而所謂的「趣人」也許並不是指輪迴的凡夫，而是指趣須陀洹果證人、趣斯陀含果證人、趣阿那含果證人和趣阿羅漢果證人。也就是說，實人、趣人是指四雙八輩的四向四果，而四雙八輩的四向四果在佛教的傳統中，都被稱爲聖賢。如《雜阿含經》就說：「有向須陀洹、得須陀洹，向斯陀含、得斯陀含，向阿那含、得阿那含，向阿羅漢、得阿羅漢。此是四雙八輩賢聖，是名世尊弟子僧」。〔註9〕《分別功德論》直稱「如來聖眾四雙八輩之士」。〔註10〕這樣，《舍利弗阿毘曇論》對於慧根的定義，主要是就四雙八輩的聖者說的，並不通於一般凡夫的有漏智慧。這樣，慧根就是指四雙八輩的聖者思維、簡擇、了達諸法自相、他相、共相、從而生起解脫、知見、慧力、正覺、不癡的官能、能力。

　　《舍利弗阿毘曇論》對慧根的定義，既然是克就四雙八輩的聖者說的，那麼，四雙八輩的基本條件便顯得有著特殊的意義。到底要具備那些條件，才可以算是優入聖者之域呢？《大毘婆沙論・雜蘊・世第一法納息》中曾論及此一問題：

　　　　若有一類於諸行中不能如理思惟，能起世第一法，無有是處。若不
　　　　能起世第一法，能入正性離生，無有是處。若不能入正性離生，能
　　　　得預流、一來、不還、阿羅漢果，無有是處。〔註11〕

根據《大毘婆沙論》的這一段文字，我們大概可以知道從凡夫到證阿羅漢果的修學次第大致是這樣的：如理思惟→世第一法→入正性離生→預流果→一來果→不還果→阿羅漢果。這裡只說四果，沒有說四向，大抵從預流果趨向一來果的中間階段就是一來向，如是類推而有不還向和阿羅漢向。現在最關鍵的問題是：預流向的底條應該劃在那裡呢？是從如理思惟一直到預流果之前都算是預流向嗎？還是在入正性離生之後才算是預流向呢？在《大毘婆沙論》的以下幾段文字中，可以得到較爲清晰的解答：

　　（1）若順次第說諸功德者，應先說不淨觀或持息念等，次說念住，
　　　　　次說三義觀，次說七處善。次說煖、次說頂、次說忍，然後
　　　　　應說世第一法。若逆次第說諸功德者，應先說阿羅漢果，次
　　　　　說不還，次說一來，次說預流，次說見道，然後應說世第一

〔註9〕　印順：《雜阿含經論會編》（下）（臺北，正聞出版社，1994 年 2 月再版），頁626。
〔註10〕　《分別功德論》，大正二十五冊，No.1507，P38a。
〔註11〕　《大毘婆沙論》，大正二十七冊，No.1545，P5b。

　　法。〔註12〕

（2）世第一法與苦法智忍爲等無間緣名入見道。〔註13〕

（3）能入正性離生者，謂此心、心所法能入見道。問一切聖道，皆
　　是正性，亦是離生。何故此中獨說見道？答一切煩惱或諸貪
　　愛，令諸善根不得成熟，及令諸有潤合起過。雖皆名生而見所
　　斷，於此所說生義增上，見道能爲畢竟對治，是故見道獨說離
　　生，諸不正見，要由見道能畢竟斷，故名正性。世第一法無間
　　引起，故說能入正性離生。〔註14〕

根據第（1）段文字，若把順說與逆說的次第統合起來的話，可以更完整地知
道《大毘婆沙論》的整個修學次第是：不淨觀（或持息念等）→四念住→三
種義觀→七處善→煖→頂→忍→世第一法→見道→預流→一來→不還→阿羅
漢果。與上文比較，所謂「如理思惟」就是第（1）段文字所說的「不淨觀（或
持息念等）、四念住、三種義觀、七處善」等修學階段。上文在「世第一法」
之後是「入正性離生」，而第（1）段文字在「世第一法」之後則是「見道」，
這是唯一的不同。

　　根據第（2）段資料，可知在世第一法修苦法忍、苦法智得等無間（即一
心境性、一心不亂）便進入見道位。根據第（3）段資料，可知「見道位」即
是「入正性離生」。入正性離生之後，才能進修預流向：

　　　　有餘師說：此文應言入正性決定，所以者何？……行者爾時……入八

　　　　同分……八同分者，謂諸聖者，所有同分依彼能得四向果故。〔註15〕

有餘師認爲「入正性離生」應該稱爲「入正性決定」，因爲跨越了入正性離生
的這一修界線，便進入了四向四果的聖者之流。這說明了：入正性離生之後，
到證預流果之間，就是預流向。入正性離生是優入聖者之域的基本底線。前
此的不淨觀、持息念、四念處、三種義觀或七處善乃至煖位、頂位都是在止
觀中的如理思惟，忍位極隨順聖諦現觀，世第一法則隨順聖諦現觀至相續無
間名爲入正性離生。〔註16〕也就是說，止觀中的如理思惟尙可以一般的認知
經驗和思惟經驗來理解，到了世第一法、入正性離生就已經超越一般的認知

〔註12〕　《大毘婆沙論》，大正二十七冊，No.1545，P5c。
〔註13〕　《大毘婆沙論》，大正二十七冊，No.1545，P9a-b。
〔註14〕　《大毘婆沙論》，大正二十七冊，No.1545，P13a。
〔註15〕　《大毘婆沙論》，大正二十七冊，No.1545，P13b。
〔註16〕　《大毘婆沙論》，大正二十七冊，No.1545，P24a、8c。

和思惟活動，進入了不可思議的禪修體驗。故《大毘婆沙論》所說的慧根，皆是指聖者的「無漏慧根」，〔註17〕若與《舍利弗阿毘曇論》對於慧根的定義比照，確是非常接近。

與說一切有部比較，《大智度論》對於般若的定義，並不僅限於無漏智慧，而是通於有漏、無漏：

問曰：云何名般若波羅蜜？答曰：諸菩薩從初發心求一切種智，於其中間知諸法實相慧，是般若波羅蜜。〔註18〕

一切種智（sarvathā-jñāna）是佛所得的三種智（一切智、道種智、一切種智）之一，是「能以一種智慧覺知一切道法、一切眾生之因種，並了達諸法之寂滅相及其行類差別之智」。〔註19〕初發心菩薩即是發心修菩薩行的凡夫。因此，《大智度論》對於般若波羅蜜的定義是從凡夫到成佛之間，能知諸法實相的智慧。雖然《大智度論》對般若的定義比阿毘達磨廣泛，但是，在後文的討論中，依然是緊扣著聲聞、辟支佛、佛的三種智而說的：「菩薩求佛道，應當學一切法，得一切智慧，所謂聲聞、辟支佛、佛智慧」。〔註20〕而所謂的聲聞智慧則與《大毘婆沙論》從安那般那（持息念）、四念處到阿羅漢果的次第完全一致。〔註21〕

至於「諸法實相」，在阿毘達磨傳統中，是指諸法的自相、他相、共相。但是，《大智度論》對於諸法實相的定義，與阿毘達磨完全不同：

問曰：云何是諸法實相？答曰：眾人各各說諸法實相，自以為實。此中實相者，不可破壞，常住不異，無能作者。如後品中，佛語須菩提：若菩薩觀一切法，非常非無常，非苦非樂，非我非無我，非有非無等，亦不作是觀，是名菩薩行般若波羅蜜。是義捨一切觀，滅一切言語，離諸心行，從本已來不生不滅如涅槃相。一切諸法相，亦如是，是名諸法實相。〔註22〕

A，-A，A-A，-A-（-A）是印度因明學中的的四句，在《雜阿含經》中，佛

〔註17〕《大毘婆沙論》，大正二十七冊，No.1545，P3b：「阿毘達磨勝義自性唯無漏慧根」。

〔註18〕《大智度論》，大正二十五冊，No.1509，P190a。

〔註19〕《佛光大辭典》，（台灣，高雄，佛光書局發行），頁19。

〔註20〕同註18。

〔註21〕同前註。

〔註22〕《大智度論》，大正二十五冊，No.1509，P190b。

陀及其弟子已經運用這四句來回答世間常或無常，世間有邊或無邊、命身是一是異、如來滅後是有是無等問題。〔註 23〕現在《大智度論》對於諸法實相的定義，正是採取了四句中的第四句，以雙遣的方式指示諸法實相是超越非常非無常，非苦非樂，非我非無我，非有非無等種種戲論，是言語道斷、心行處滅，是從本已來，不生不滅，一如涅槃的。因此，《大智度論》對於般若的定義並沒有特別艱深，困難在於他對諸法實相的定義確實甚深難解，而在《大智度論》看來，若從諸法實相的角度來看佛（成佛的主體）、般若（能證之智）及涅槃（所證之境），其實是三相一相，無有差異的。〔註 24〕

根據 Richard H. Robinson 的觀察指出：僧肇〈般若無知論〉中雖然靈感得自《摩訶般若經》，但是，其時《大智度論》應也已經開始翻譯，從而僧肇對中觀思想已有相當程度的認識。〔註 25〕事實上，我以爲：僧肇〈般若無知論〉對於般若的詮釋，基本上正是根據《大智度論》的思維進路作進一步的闡釋的。

第二節　〈般若無知論〉思想探討

本論分爲兩部分，第一部分是標示宗旨；第二部分是問答辯難。第二部分共有九番問答，據元康的科判，分成四難：「第一有一番能所難。第二有一番名體難。第三有四番境智難。第四有三番生滅難」。〔註 26〕今即依此科判，分五部分探討僧肇的〈般若無知論〉：一、〈般若無知論〉的旨趣；二、「般若」無能所對待；三、「般若」無言說；四、「般若」無境智對待；五、「般若」非生滅智。

一、〈般若無知論〉的旨趣

據《高僧傳》所言，僧肇創作〈般若無知論〉的目的，是因爲「去聖久遠，文義舛雜，先舊所解，時有乖謬」，〔註 27〕所以在《大品般若經》譯出之

〔註 23〕印順：《雜阿含經論會編》（上），頁 188～193。

〔註 24〕《大智度論》，同註 18，P190b：「般若波羅蜜，實法不顛倒。念想觀已除，言語法亦滅。無量眾罪除，清淨心常一。如是尊妙人，則能見般若。如虛空無染，無戲無文字。若能如是觀，是即爲見佛。若如法觀佛，般若及涅槃，是三則一相，其實無有異。」

〔註 25〕Richard H. Robinson 著，郭忠生譯：《印度與中國的早期中觀學派》（台灣，南投，正觀出版社，1996 年 12 月初版），頁 205~206。

〔註 26〕元康：《肇論疏》，大正四十五冊，No.1859，P178b。

〔註 27〕梁・慧皎《高僧傳》，大正五十冊，No.2059，P365a。

後，便著〈般若無知論〉。僧肇在本論中也有類似的說法：

> 夫般若虛玄者，蓋是三乘之宗極也，誠眞一之無差，然異端之論，
> 紛然久矣。〔註28〕

但異端之論，到底如何？〈般若無知論〉中並無記述。慧達《肇論疏》記曰：

> 問曰：「波若是何等法？」答：「有人言：無漏惠相是波若，一切惠
> 中第一故也。復有人言：有漏惠是波若。何以故？菩薩至道樹下乃
> 斷結，只雖有大智惠，諸煩惱未斷故。復有人言：從初發意乃至道
> 樹下，於其中間所有智惠是名波若，成佛時轉名薩婆若。有人言：
> 有漏無漏智惠總名波若。觀菩薩行佛道是無漏，未斷結使邊是有漏。
> 有人言：波若無漏無爲不可見無對。有人言：波若不可得，相若有
> 若無、若常若無常，乃至非法非非法，無取無捨，不生不滅等四句
> 適過所著，譬如火炎四邊不可觸。有人言：上說皆是實。復有人言：
> 最後者爲實，無過失，非常非無常，乃至非生滅，非不生滅，如是
> 甚深般若，云不取波若相，若取波若相，是爲住法位。」〔註29〕

這些說法出於何人？慧達沒有說明，今亦無可考。但從他所列舉的這些說法
裡面，基本上可以整理出兩個思想的源頭，一是出自阿毘達磨以般若爲無漏
慧的傳統；另一個是出自《大智度論》以般若爲有漏慧，但言語道斷，超越
四句的傳統。從這兩個源頭而衍生出種種異說。可見當時人對般若智體的理
解確實很不一致。所以僧肇在譯出《大品般若經》之後，首著〈般若無知論〉，
申明「般若」聖智，以曉當時。

　　僧肇據《放光般若經》「般若無所有相，無生滅相」及《道行般若經》「般
若無所知，無所見」之論，建立「般若無知」說，正如僧肇所說：「聖智幽微，
深隱難測，無相無名，乃非言象之所得，爲試罔象其懷，寄之狂言耳，豈曰
聖心而可辨哉」！〔註30〕因此本論的主旨，就在辨明般若聖智之體相：

> 夫有所知，則有所不知。以聖心無知，故無所不知。不知之知（智），
> 乃曰一切知（sarvajñatā，一切智）。故經云：聖心無所知，無所不知。
> 信矣！〔註31〕

〔註28〕僧肇：〈般若無知論〉，大正四十五冊，No.1858，P153a。

〔註29〕慧達《肇論疏》，《卍續藏》一五〇冊，頁431b-c。

〔註30〕同註26。

〔註31〕同註26。

這段引文給我們兩點提示：一是「聖心無知」；二是聖心「無所不知」。這裡的「聖心」就是指「般若」，因此，「聖心無知，故無所不知」即云「般若無知，故無所不知」。但是，此處所說的「聖心（般若）無知，故無所不知」與「有所知，則有所不知」一句所討論的層次完全不同：前者討論的是般若智體；後者所討論的，則是透過認知活動所得到的認知或知識。說到這裡，便有必要探討一下佛教對認知活動的分析。

佛教認爲：知識的構成，必須有能認知的主體和被認知的客體，如能知的眼根（cakṣur-indriya），對應客觀世界的色塵（rūpa），產生眼識（cakṣur-vijñāna），這樣才構成我們對於色塵的認知。由客體的色，到我們對此客體產生認識，又可細分爲受、想、行、識四個階段。六根（眼、耳、鼻、舌、身、意等認識器官）與六塵（色、聲、香、味、觸、法等認識對象）接觸而有感「受」（領納義）。與此感受同時生起的，就是「想」，如分別對象的形色狀貌。由想而有「行」，既分別對象的形色狀貌，而有念頭的造作如好惡等心理，由好惡而產生取捨的意向。「識」取了別義，就是對對象產生明了分別，即完成對客體的認知。事實上，「識」的梵文是 vijñāna 正是「識別、知識」的意思。〔註32〕

〈般若無知論〉中所說的「有所知，則有所不知」的「知」，應該就是指「識」（vijñāna）而言的，也就是說：有所知識、識別，就有所不知、不識。凡夫的認識作用是主體的認識器官與認識對象相緣而生起。認識對象如色、聲、香、味、觸、法（六塵）等，都是外在世界的事物，它們通過認知主體的先驗範疇〔註33〕而被認知，所以我們認識到的現象都是有封限的。〔註34〕

〔註32〕荻原雲來博士編纂：《梵和大辭典》，頁 511。

〔註33〕康德把吾人的認識主體對現象的把握分成十二個感性範疇，認爲吾人對事物的認知是通過十二範疇來把握的：
　　（一）分量：有：（1）全稱的　　（2）特稱的　　（3）單稱的。
　　（二）性質：有：（1）肯定的　　（2）否定的　　（3）無限的。
　　（三）關係：有：（1）定言的　　（2）假言的　　（3）選言的。
　　（四）樣態：有：（1）蓋然的　　（2）實然的　　（3）必然的。
以上四組各有三項，共十二項，這就是康德的十二範疇。請參閱傅偉勳《西洋哲學史》（臺北，三民書局，民國 64 年 9 月四版）頁 394。

〔註34〕牟宗三：《現象與物自身》（台灣，學生書局，民國 73 年四版），頁 246 說：「我們說現象之爲只是關係是由執念而定住的。因此之故，它們遂得自持其自己爲關係。這些關係相就是執相，即由概念之執而執成的定相。概念是方方正正地有限定的，因此，其所決定成的諸關係相皆是『定相』，這亦即是現象。

因爲凡夫的認知是有封限的認知，所以說「有所知，則有所不知」。

至於「聖心（般若）無知」一句，嚴格來說，可以理解爲「聖心（般若）非識」，即 prajñā ≠ vijñāna。認識之知有其侷限性，但是，般若聖智則是尚未落入主客對待的認識架構的純粹智體，此智體與認識活動所得之知，完全不同，所以說「聖心非識（聖心無知）」。正因爲般若不是認識之知，他是認知一切的智體，故云：「以聖心無知，故無所不知，不知之知，乃曰一切知」。

正如《大智度論》所說的，諸菩薩從初發心求一切種智，於其中間知諸法實相慧，就是般若。既然般若能知諸法相實，故如何能說「聖心（般若）無知」呢？爲了區隔般若聖智之知與認識之知的不同，僧肇提出了「照」來解釋般若之知：

> 是以聖人虛其心而實其照。終日知而未嘗知也，故能默耀韜光，虛
> 心玄鑒，閉智塞聰，而獨覺冥冥者矣。〔註35〕

僧肇以般若之「照」，與凡夫根塵和合生識之知作一區隔。「虛其心」的「心」是指受、想、行、識等心識的作用，聖人虛其心識作用（虛心），而處在心識尚未生起的狀態（玄鑒），故曰「實其照」。聖人之知就是此靈明覺照，所以他是「終日知」而未嘗落有凡夫取相之知，故曰「未嘗知」。「未嘗知」而「默耀韜光」「獨覺冥冥」，此即聖者之知。

聖者之知雖然「未嘗知」，卻有無窮妙用：

> 智有窮幽之鑒，而無知焉。神有應會之用，而無慮焉。神無慮，故
> 能獨王於世表。智無知，故能玄照於事外。智雖事外，未始無事。
> 神雖世表，終日域中。所以俯仰順化，應接無窮。〔註36〕

聖智有「窮幽之鑒」，即獨覺冥冥的覺照；「而無知焉」就是說聖人的覺照不是凡夫的認識作用。「智有窮幽之鑒，而無知焉」就是「終日知而未嘗知」的複說。凡夫應接事物，是先認識事物，經過思慮然後再作出判斷，所以凡夫應事是有慮的。但聖智是「虛其心而實其照」，因此他對事物的應接不需經過認知過程然後作出判斷，所以聖人是應物而無慮的，故說「神有應會之用，而無慮焉」。聖智雖在事象之外，但玄照應會之用不絕，所以能夠「俯仰順化，應接無窮」，應化接誘眾生，無有窮已。接化眾生而「無慮」，故能「獨王於

　　　一說現象就函著有定相，不，現象與定相是一。」
〔註35〕同註26。
〔註36〕同前註。

世表」，獨王於世表而有應會之用，故能「神雖世表，終日域中」。

　　既說般若是「無相之知，不知之照」，但此聖智之體相到底如何？僧肇認為般若之體相是「不有不無」，存而不可論的：

> 然其為物也，實而不有，虛而不無，存而不可論者，其唯聖智乎。何者？欲言其有，無狀無名。欲言其無，聖以之靈。聖以之靈，故虛不失照。無狀無名，故照不失虛。照不失虛，故混而不渝，虛不失照，故動以接麤。是以聖智之用，未始暫廢，求之形相，未暫可得。〔註37〕

僧肇以雙遣法說明般若智體的超越有無。「不有」是因為般若智體「無狀無名」，求之於形相，不可暫得。「不無」是因為般若有覺照之用，聖以之而靈。無名無狀故曰「虛」，覺照之功未始暫廢故曰「實」，因此「實而不有，虛而不無」就是說般若智體有照功而無形相，無形相而不失照功。這是《寶積經》所說「無心意而現行」〔註38〕的意思，也正是《大智度論》所說「般若波羅蜜，實法不顛倒。念想觀已除，言語法亦滅。……如虛空無染，無戲無文字」〔註39〕的意思。

　　最後，僧肇總結般若聖智說：「斯則不知而自知，不為而自為矣」。〔註40〕總述「般若無知」的旨趣，是欲申明「（般若）不知而自知（寂照而不取相故），不為而自為（無心意而行故）」的道理，而非謂「般若如木石般的無知」。〔註41〕

二、般若無能所對待

　　在〈般若無知論〉的第一部分「標宗」中，已經大致說明了「般若」聖智的特質是「無知」（非識）而「無所不知」。第二部分是以辯難的方式對於「般若」作層層深入的剖析。

　　第一難就是「能所難」，就能知所知來詰難「般若無知」：

> 難曰：「夫聖人真心獨朗，物物斯照，應接無方，動與事會。物物斯照，故知無所遺，動與事會，故會不失機。會不失機故，必有會於

〔註37〕同前註。
〔註38〕僧肇：〈般若無知論〉：「故寶積曰：『以無心意而現行。』」同前註。
〔註39〕見註24。
〔註40〕僧肇：〈般若無知論〉，大正四十五冊，No.1858，P153b。
〔註41〕李潤生：《僧肇》，頁108。

可會。知無所遺故，必有知於可知。必有知於可知，故聖不虛知。
必有會於可會，故聖不虛會。既知既會，而曰無知無會者，何耶？
若夫忘知遺會者，則是聖人無私於知會，以成其私耳，斯可謂不自
有其知，安得無知哉？」〔註42〕

難者的意見可分六層推論：

一、聖人物物斯照，動與事會。

二、物物斯照，故知無所遺。動與事會，故會不失機。

三、知無所遺，必有知於可知（所知）。會不失機，必有會於可會（所會）。

四、有知於所知，故聖不虛知。有會於所會，故聖不虛會。

五、有能有所而生知會，就不能說是「無知無會」。

六、因此，說「般若無所知」（般若經的說法），應理解爲聖人「忘知遺
會」，有知而「不自有其知」，不能說「般若無知」。

這一層問難，主要是針對般若之知是否有所緣之境的問題而發的。難者
意見的第一個關鍵在於認爲「知」必有能（能知的主體）所（所知的對象）
相接才能產生，換言之，難者認爲能知的主體與所知對象交接而產生認知。
聖人既然物物斯照，動與事會，可見聖人能知能會。能知能會，與所知所會
相接就產生「知」「會」。因此只能說聖人知而忘其知，會而遺其會，不自有
其知會，不能說「般若無知」，所以元康《肇論疏》說：「若以聖人雖有知會，
而不言我能有知我能有會也。……此是聖人之心。不私作知會解。忘其智會，
非謂無知無會也」。〔註43〕

在難者的責難中，我們可以發現，難者把僧肇所說的「無知」視爲如木
石之冥頑無知，所以僧肇在答辯之初即指出「般若無知」不是說聖智如木石
之無知，而是「異於人者神明，故不可以事相求」。〔註44〕他引經典爲證：

經云：「眞般若者，清淨如虛空，無知無見，無作無緣」。斯則知自
無知矣。豈待反照，然後無知哉！

能所相接而生之知、見，是有造作有攀緣的，般若智無所攀緣造作，故「無
知無見」。無凡夫之知、見，當體空寂，清淨如虛空，故曰「知（覺照之知）

〔註42〕同註40。

〔註43〕同註26。

〔註44〕僧肇：〈般若無知論〉說：「夫聖人……豈曰木石瞽其懷，其於無知而已哉！
誠以異於人者神明，故不可以事相求之耳。」同註40。

自無知（凡夫攀緣之知）」。因此聖智不是能所攀緣生起「知」（凡夫之知）之後，再反觀內照而忘其知（難者所謂不自有其知），而是當體清淨，無所攀緣，因此也不會生起凡夫惑取之知。所以說：「經云般若清淨者，將無以般若體性眞淨，本無惑取之知。本無惑取之知，不可以知名哉」！〔註45〕

　　難者責難的第二個關鍵在於認爲：認識要符應認識對象，這樣的認知才有眞確性，否則就是「虛知」——認知與客觀事實不符。因此必須肯定聖人的認知是以現象事物爲對象，這樣才能確保聖人認知的眞確性。所以說：「必有知於可知，故聖不虛知。必有會於可會，故聖不虛會」。據此難者進一步詰問：既「有知有會，而曰無知無會者，何耶」？

　　針對難者此一責難，僧肇說：

　　聖人以無知之般若，照彼無相之眞諦。眞諦無兔馬之遺，般若無不
　　窮之鑒，所以會而不差，當而無是，寂怕無知而無不知者矣。〔註46〕

從阿毘達磨或《大智度論》對於慧根及般若的定義中，我們可知重點皆在於說明智慧對於法相之知。《大智度論》尤其強調般若對於諸法實相之知。而所謂諸法實相，在般若思想中，就是指諸法之空性。也就是僧肇〈般若無知論〉所說的「聖人以無知之般若，照彼無相之眞諦」。現象雖有萬殊，而眞諦唯一無相眞空。聖人以非惑取的般若眞智，觀照無相之眞諦，則「無不窮之鑒」，有當於眞諦，則會而無所差失，故能「寂怕無知而無不知」。Richard H. Robinson 於此有精闢的解說：「眞諦」爲般若之超越性客體暨無法之實性。因爲「眞諦」無相，所以唯有般若始能知之。而除「眞諦」之外，世間無有眞實者，從而般若因能知「眞諦」，即能知一切。職是之故，般若之知一切，即無庸認知世間客體之相，蓋世間客體乃是虛幻，且世間客體根本上即勿須以絕對之立場認知之。……般若即是以照鑒最隱晦難知之「可知者」，而表現其大用。〔註47〕

　　難者認爲知識必須由能知、所知和合而產生，倘若以康德的認識體系來理解，能知就是主體感觸直覺，認知主體具有先驗的十二個感性範疇。所知就是現象世界。對象通過十二範疇而被主體認知，因此我們認識到的對象，其實只是透過主體的十二個先驗範疇（分量、性質、關係、樣態等十二範疇）所把握到的結果，所以我們認識的只是現象而不是物自身（物之在其自己，

〔註45〕僧肇：〈般若無知論〉，大正四十五冊，No.1858，P153c。

〔註46〕同前註。

〔註47〕Richard H. Robinson 著，郭忠生譯：《印度與中國的早期中觀學派》，頁214。

換言之：就是諸法的眞際，即眞如）。〔註48〕由於我們的感觸直覺所得到的只是現象，「物自身」不能透過範疇來認識（範疇根本不適用於「物自身」），換言之，「物自身」（諸法眞際）不是認識的對象，因爲一旦成爲對象，「物自身」就變成了與主體先驗的十二範疇對待的現象，而不再是「物自身」。我們對事物的認識都在關係中認識，而「物自身」則不在種種關係之中，因此「物自身」是不能透過「感觸直覺」而被認知，而必須透過「智的直覺」（非感觸直覺）的觀照來把握。

「感觸直覺」相當於我們的主體認識官能（即能知），「智的直覺」相當於「般若」的觀照作用，〔註49〕難者的問題在於以「感觸直覺」的認知系統來理解「智的直覺」的觀照作用。在「感觸直覺」的認知系統中，對象透過十二範疇而被主體認知，因此，在這個系統中，是有能所對待的。但是「物自身」根本不能以範疇的圍限，因此它不是認知系統中的所知對象，它是「智的直覺」（或直接稱之爲「般若」）的觀照對象。嚴格來說，也不能稱爲對象，因爲「物自身」如果成爲對象而被「智的直覺」認知，那麼它只是被這種智照作用所把握到的表象，而不是「物之在其自己」（即「物自身」）了。如果這樣理解「般若」的認知作用，那麼「般若」的認知對象便是「眞諦」（或可說是「物自身」），「眞諦」是不能以主體的先驗範疇來加以認識的，更嚴格地說，也不是「般若」的「對象」。而「般若」也不是感觸的認知系統中認知主體的作用。因此，般若的智照作用是沒有能、所的對待的，所以不能以能、所對待的感觸直覺之認識系統來理解之。

〔註48〕 「物自身」在康德的哲學系統中是「實」，但般若學所說的諸法眞際卻是「空」，因此嚴格說來，在緣起性空的原則下，諸法（即一切現象）並無「在其自己」的自體，但進一步，此無相之如相亦正是無自己之「在其自己」，此是虛意的在其自己。由性空故，說無「自己」；由如相故，說無自己「之在其自己」。請參閱牟宗三：《智的直覺與中國哲學》（台灣，商務印書館，民國82年），頁214。我以爲「物自身」一辭頗能表達事物的本來樣態（如）的義涵，因此本文使用「物自身」或「物之在其自己」一辭，都是取其虛意。

〔註49〕 「智的直覺」即「非感性直覺」，因此「智的直覺」是在認識系統之外的一種智思的作用。這點與般若智體實有相應之處，因此本文嘗試以「智的直覺」來理解「般若」的識知作用。關於這點牟宗三：《智的直覺與中國哲學》，頁211也說：「佛心無外即是無限，因而必函有一智的直覺在內。此智的直覺即寄託在圓教之般若智中」。

三、般若無言說

本節從語言使用的規律問難。在靜態的思維上，我們都要遵守「不矛盾律」，因此如果我們說某物是「A」，則不能說它也是「非 A」。〔註50〕所以難者說：

> 夫物無以自通，故立名以通物。物雖非名，果有可名之物當於此名矣。是以即名求物，物不能隱。而論云聖心無知，又云無所不知。意謂無知未嘗知，知未嘗無知。斯則名教之所通，立言之本意也。然論者欲一於聖心，異於文旨，尋文求實，未見其當。何者？若知得於聖心，無知無所辨。若無知得於聖心，知亦無所辨。若二都無得，無所復論哉！〔註51〕

難者的問難可分成七個層次：

一、物無以自通，故立名以通物。物雖非名，果有可名之物當於此名。

二、物既可以當名，則即名求物，物不能隱。

三、在語言的使用上，「無知」就是「不知」；「知」就「不是無知」。

四、〈般若無知論〉謂聖心「無知」，又云「無所不知」，是犯了二名相違的過失。

五、若「知得於聖心」就不能說聖心無知。

六、若「無知得於聖心」就不能說聖心有知。

七、若說聖心既非有知，又非無知，這就根本違反了語言使用的規則，故無所復論。

難者責難的第一個關鍵，在於他是站在經驗世界的認知立場討論名實的問題，所以他說「物雖非名，果有可名之物當於此名」。僧肇在答辯之初，就指出般若不是經驗世界的認知對象，因此也不能以經驗世界的語言規則來表詮：

> 經云：般若義者，無名無說，非有非無，非實非虛。虛不失照，照不失虛。斯則無名之法，故非言所能言也」。〔註52〕

我們對於事物的把握，乃是通過主體的先驗範疇來理解，因此有、無、虛、實等都是構成認知的憑藉。然而，「般若」非有非無、非實非虛，換言之，就是超越了我們主體認知的先驗範疇，因此「般若」不在知識系統中，所以也不能以分解的知識來表詮，故云「非言所能言」。

〔註50〕李潤生：《僧肇》，頁 110。

〔註51〕同註 45。

〔註52〕同前註。

　　難者問難的第二個關鍵，在於他把僧肇所說的「知」與「無知」兩個詞語放在同一層次上來討論。在同一層次的語言使用上，「知」與「無知」是兩個相違的概念，「知」就是「無知」的否定，「無知」就是「知」的否定，因此「知」就是「知」，「無知」就是「無知」，不能說既是「知」又是「無知」，所以這樣說是互相矛盾的。

　　僧肇在答辯時說：

　　　　夫聖心者，微妙無相，不可為有。用之彌勤，不可為無。不可為無，故聖智存焉。不可為有，故名教絕焉。是以言知不為知，欲以通其鑒。不知非不知，欲以辨其相。〔註53〕

說「般若」（智的直覺）有知（或說無所不知），是站在「般若」有鑒照之功上說，它異於凡夫妄取之知（感觸直覺），故言「言知不為知，欲以通其鑒」。說「般若」不知（或說無知），是站在般若聖智微妙無相的角度說，並不是說「般若」如木石之冥頑無知，故言「不知非不知，欲以辨其相」。因此說「般若」聖智「無知而無所不知」，是遮顯的說法：以「無知」遮遣取相之知，也就是說「智的直覺」是「非感觸直覺」；以「無所不知」開顯「般若」鑒照之用。所以「知」與「無知」在〈般若無知論〉中，並不是作為同一層次的語詞來使用，因此僧肇認為兩者並不矛盾。

　　最後僧肇總結說：「非有（非有相），故知（有鑒照之功）而無知（無取相之知）。非無（非無鑒照之用），故無知（無取相之知）而知（有鑒照之知）。是以知（智的直覺）即無知（非感觸直覺），無知（非感觸直覺）即知（智的直覺）。無以言異（知與無知言異），而異於聖心也」。〔註54〕

四、般若無境智對待

　　本節包含了四番問辯，元康認為四番都是圍繞境智問題的論辯，〔註55〕因此合為一節討論。

　　第一番問難，難者曰：

　　　　夫真諦深玄，非智不測，聖智之能，在茲而顯。故經云：不得般若，

〔註53〕同前註。
〔註54〕同前註。
〔註55〕唐・元康《肇論疏》：「第三有四番境智難也。四番連環更不分別」。大正四十五冊，No.1859，P179c。

不見眞諦。眞諦則般若之緣也。以緣求智，智則知矣。〔註56〕

難者的問難分三層推論：

一、眞諦深玄，非智不測，只有聖智能知眞諦（「聖智之能，在茲而顯」），並引經為證。

二、既然經典也說「不得般若，不見眞諦」，那麼，也就是說眞諦是般若所見的對象，由此難者得出「眞諦則般若之緣」的結論。

三、眞諦既是般若之「所緣」，有所緣之境，就有能緣之智。有能緣、所緣，就必然有認知的產生。如此，又怎能說「般若無知」呢？

難者問難的關鍵，在於他以凡夫的認知模式來理解「般若」智。凡夫的認知系統是能緣（根）所緣（塵）和合而產生認知。難者依此類推，認為「般若」是能緣之智，眞諦是所緣之境，這樣能緣所緣和合也應產生認知，因此不能說「般若無知」。

針對難者的問難，僧肇分三層作答。第一層直釋作答曰：

以緣求智，智非知也。何者？《放光》云：不緣色生識，是名不見色。又云：五陰清淨故，般若清淨。般若即能知也，五陰即所知也。〔註57〕

難者以緣求智，而得到「智則知矣」的推論。僧肇也說以緣求知，而得出「智非知也」的結論。為甚麼會這樣？僧肇引《放光般若經》為論據，《放光般若·問相品》說：「須菩提，不以五陰因緣起識者，是為不見五陰」。〔註58〕元康《肇論疏》說：「凡人皆緣色生識，所以有見。有見即有知。聖人不緣色而生識，即是無見。無見即無知也」。〔註59〕凡夫皆是六根（眼、耳、鼻、舌、身、意）緣六塵（色、聲、香、味、觸、法）而生六識（眼識、耳識、鼻識、舌識、身識、意識）。六識即六種認知作用，如眼識即見，耳識即聞等。所以說「凡人皆緣色生識，所以有見」。有所見，就代表對認識對象有所認知，因此說「有見即有知」。但「般若」（智的直覺）是「非感觸直覺」，也就是說它不是以能所相緣而產生認知，它觀照的對象方便說是「物自身」，但其認知方式也不是「以對象通過主體先驗範疇而產生知識」的，所以說「聖人不緣色而生識，即是無見，無見即

〔註56〕僧肇：〈般若無知論〉，大正四十五冊，No.1858，P154a。

〔註57〕同前註。

〔註58〕《放光般若經·問相品》，大正八冊，No.221，P78a。

〔註59〕元康：《肇論疏》，大正四十五冊，No.1859，P179a。

無知」，當然此處的知、見都是就感觸直覺的認知系統而言的。

難者既然以緣求智而得出「智則知」的結論，因此僧肇更進一層觀察「般若」之所緣——「五陰」。《放光般若·明淨品》說：「五陰清淨故，般若波羅蜜清淨」。〔註60〕所謂「五陰清淨」就是說五陰本性空寂。我們對事物的認識都是透過範疇來把握，但是本性空寂的五陰，卻是完全超出我們的先驗範疇。因此，以清淨的五陰為所緣的「般若」（智的直覺），理應也是超越認知主體的先驗範疇的。牟宗三先生對此有頗能相應的說明：「實相這一個虛意只能在非識知的圓智觀照下始能如如呈現。實相既如此，則能觀照之般若既不取，亦不執，（取執即變成緣生之識），亦非緣起法，而只是無依無待之「獨覺冥冥」，它既不是被動的（感性的），亦無待于概念（即不是辨解的）。實相既非對象，它即無客體與之相對；無客體與之相對，它之主體義亦不存在，此即示它不在一能所對待之架構中。無此能所之架構，它不能有所知，因而亦不能有知，亦即無知，亦曰無知相」。〔註61〕在傳統的注疏中，也有類似的說法，如憨山大師《肇論略疏》說：「若以緣求知，今般若乃能緣之知，五陰乃所緣之境。今云五陰本空，則非所緣也，所緣既空，則能緣亦空。以空則非有所知」。〔註62〕回應難者以凡夫之認知模式推論般若的認知模式，僧肇強調般若聖智是「不緣色生識」，因此「般若」（智的直覺）不同於凡夫的認知模式（感觸直覺）。而且，以能緣所緣而論，「般若」所緣之境性空清淨，故能緣之智也是性空清淨，不能說「有知」。

在第二層答辨中，僧肇進一步指出，能緣、所緣是一種相待的關繫：

> 夫知與所知，相與而有，相與而無。相與而無，故物莫之有。相與而有，故物莫之無。物莫之無故，為緣之所起。物莫之有故，則緣所不能生。緣所不能生，故照緣而非知。……是以知與無知，生於所知矣。何者？夫智以知所知，取相故名知。真諦自無相，真智何由知。所以然者，夫所知非所知，所知生於知。所知既生知，知亦生所知。所知既相生，相生即緣法，緣法故非真。非真，故非真諦也。故中觀云：物從因緣有，故不真，不從因緣有，故即真。今真諦曰真，真則非緣。真非緣，故無物從緣而生也。〔註63〕

〔註60〕《放光般若經·明淨品》，大正八冊，No.221，P67a。

〔註61〕牟宗三：《智的直覺與中國哲學》，頁213。

〔註62〕憨山大師：《肇論略疏》，《卍續藏》九十六冊，頁304。

〔註63〕僧肇：〈般若無知論〉，大正四十五冊，No.1858，P154a。

知與所知是相待而有，所知非所知，有能知才有與之相對的所知，所以說「所知非所知，所知生於知」。反過來說，能知也依所知而生，所以說「所知既生知，知亦生所知」。能所相因而生，即是「緣法」，必須互相依待才能生起，不能獨立自存，因此說「緣法故非眞，非眞，故非眞諦」。換言之，不從緣生的才是眞諦，所以引《中論》爲證，說「故《中觀》云：物從因緣有，故不眞，不從因緣有，故即眞」。凡夫之知是能知攀緣所知而生起。「般若」智非攀緣眞諦所生，故曰「緣所不能生」，緣所不能生，故非如凡夫「緣之所起」之知，而是「照緣而非知」。在僧肇的意見中，他肯定「知」是緣起法，而眞諦非緣，眞非緣，故「無物從緣而生」，因此般若聖智也非緣起之「知」。

第三層，僧肇總結上兩層的意思作答：

> 是以眞智觀眞諦，未嘗取所知。智不取所知，此智何由知。然智非無知，但眞諦非所知，故眞智亦非知。〔註64〕

眞智觀眞諦，未嘗於眞諦取著爲所知，因爲如果眞智以眞諦爲對象，那麼所認識到的也只不過是眞諦的表象，而不是眞諦的在其自己（眞諦的自身），所以說「眞諦非所知」。既不以眞諦爲所知的對象，則能知之眞智便不與所知之眞諦相緣而生「知」（認識系統之知），故曰「智不取所知，此智何由知」。但智非如木石之無知，只是不取所知之知，既然不取所知，則不是凡夫取所知之有相之知。所以僧肇最後說：「子欲以緣求智，故以智爲知，緣自非緣，於何而求知」？〔註65〕難者以凡夫的認知模式（感觸直覺的認知模式）推論聖智之認知模式，以爲凡夫能所相緣而生知，聖人以能知之般若（智的直覺），緣所知之眞諦，也應生起認知，所以說「以緣求智，故以智爲知」。但僧肇指出，所緣之眞諦實非所緣，既無所緣，如何能生起認知？所以說「緣自非緣，於何而求知」？眞智所無者，乃是能所相緣而生起的認知，但離緣覺照之知卻並非沒有，只是於所觀之境無所取著而已（不以眞諦爲所知）。

難者緊接著僧肇說般若於眞諦「未嘗取所知」的思路，提出第二番問難：

> 難曰：「論云不取者，爲無知故不取，爲知然後不取耶？若無知故不取，聖人則冥若夜游，不辨緇素之異耶？若知然後不取，知則異於不取矣。」〔註66〕

〔註64〕同前註。
〔註65〕同前註。
〔註66〕同前註。

難者的問難，可分三層：

一、如〈般若無知論〉所說之「不取」，是無知故不取，還是知然後不取？

二、若無知故不取，則聖人冥若夜游，不辨黑白。

三、若知然後不取，知就是能知取所知而生起的，因此知則異於不取。

難者問難的關鍵，依然是以凡夫的認知模式來推論聖人之知，認爲既然僧肇說聖智非如木石之無知，只是不取所知之「知」。但既已有「知」，則必然是能所相緣才能生起，不能說不取，頂多只能說「當知之時有取，然後忘知，始是不取」。〔註67〕僧肇雙遣難者之問難，說「非無知故不取，又非知然後不取」，〔註68〕「非無知故不取」則聖智非如難者所說的「冥若夜游」，不辨黑白；「非知然後不取」則聖智不是先取所知然後忘其知，因此難者「知則異於不取」的責難也不能成立。僧肇隨即開顯聖智之知是「知即不取，故能不取而知」。〔註69〕

根據本章第一節的討論，可知「般若」（prajñā）相當於阿毘達磨佛教所稱之慧根，在《大智度論》中是指能知諸法實相的智體；凡夫能知取所知而生起的認知，梵文稱爲 vijñāna，中文譯作「識」，是認識活動完成之後所得到的認知，此「識」相當於「感觸直覺」的認知系統。在這系統中，能知與所知相緣而產生認知作用。但「般若」既然是能知諸法實相的智體，他的作用是鑒照之能，即所謂的「智的直覺」，它不是在感觸直覺的系統之內，而是不取所知的智照之知，所以說「知（智照之知）即不取（不取對象）」，若以圖示之，則極爲清楚：

般若智體，有覺照之知（prajñā）

〔非感觸的直覺，故不在感觸直覺的認識系統之內〕

〔感觸直覺的認識系統〕

〔註67〕唐元康《肇論疏》：「知與不取異，則當知之時有取，然後忘知，始是不取耳」。大正四十五冊，No.1859，P180b。

〔註68〕僧肇：〈般若無知論〉，大正四十五冊，No.1858，P154b。

〔註69〕同前註。

　　認識之知是能知取所知而生起的「識」（vijñāna），「般若」（prajñā）是能知諸法實相的智體，它不在感觸直覺的認識系統之內，因此它不是能所相緣而生起的「認識之知」，所以不能說「知然後不取」，它本來面目就是清淨無染，於法無所執取的。但是，並不能因爲它不在感觸直覺的認識系統之內（取相之知），便說它「無知」、「冥若夜游」。因爲般若覺照之知本身就是不取，它不取所知而有覺照之用，所以元康說：「當知之時，即不取相」。〔註 70〕一旦取所知，已經落入認識之知，而不再是般若聖智了。

　　任何一種認識，不僅有認識性的要求，而且還有眞實性的要求。比如說，「這是一支筆」，必須涉及（a）對一支筆現前存在的認識，而且還涉及（b）對該認識的認識，以及（c）對該認識的眞實性認識。換句話說，我的認識（a）「這是一支筆」，必然暗示（b）「我知道我認識『這是一支筆』」以及（c）「我知道我對『這是一支筆』的認識是眞實的」。〔註 71〕但這一連串的認識都建基於「取相」上，即取「這支筆」作爲認識的對象。如果連「這支筆」也不取的話，則「對該認識的認識」及「對該認識的眞實性認識」也無從說起，所以難者針對僧肇所說的「不取相」興起第三番問難：

> 論云不取者，誠以聖心不物於物，故無惑取也。無取則無是，無是則無當。誰當聖心？而云聖心無所不知耶？〔註 72〕

難者的問難分爲三層：

　　一、聖心不物於物，故無惑取之知。

　　二、無取則無是，無是則無當。

　　三、既無當，則誰當聖心，而云聖心無所不知？

此難是針對僧肇所說「聖心無知（無惑取之知）而無所不知」而發的。責難的關鍵，在於難者認爲「知」實在包含了「知」、「是」、「當」三個層次。「是」，憨山大師訓解爲：「是者，印可於物不謬之稱。能知之心也」。「當」，解爲：「當者，應物不謬，主質不差。言所知之境也」。〔註 73〕因此難者所說的「是」相當於（b）的階段，即對該認識的認識。「當」相當於（c）階段，也就是對該

〔註 70〕同註 26。

〔註 71〕〔印〕跋特著，巫白慧譯〈佛教二重認識論〉，收於淨慧主編《佛教的認識論》（北京，中國佛教協會，1990 年 6 月），頁 35。

〔註 72〕同註 68。

〔註 73〕憨山大師：《肇論略疏》，《卍續藏》九十六冊，頁 305。

認識的眞實性的認識。但如何才知道認識的眞實性呢？我們說認識與認識的對象一致，那麼這認識就有眞實性。因此判斷認識是否眞實無妄，必須通過外境作爲的判斷，凡是與對象相符應的，此認識就有眞實性；凡是與對象不符的，就說此認識錯謬，沒有眞實性。所以憨山大師解釋「當」時，說「言所知之境也」。但聖心不取著於物，因此在整個認識過程中，連第一個階段（a）也沒有，也就是說對對象現前之存在不發生認識。那麼相對（a）的認識發生認識的（b），以及對該認識進行判斷的（c）連帶也沒有，這正是「無取則無是，無是則無當」。既然無當，又說「聖心無所不知」，那麼聖心之知到底有沒有眞確性呢？因爲聖心不取相，因此並不能以外境作爲聖智是否眞確的判斷，這樣，聖智的眞實性就無從確定。聖智的眞確性尚無從確定，而說「聖心無所不知」，豈不是大有問題嗎？

僧肇也肯定難者「無是則無當」的說法，但卻認爲，正因爲聖心無是，故能無所不是，無當故能無所不當：

> 然，無是無當者。夫無當則物無不當，無是則物無不是。物無不是，故是而無是。物無不當，故當而無當。故經云：盡見諸法而無所見。
> 〔註74〕

元康《肇論疏》說：「夫無當則物無不當者，無當乃當眞理，無是乃是眞理」。〔註75〕「眞理」指諸法空性，諸法千差萬別，各各不同，而當體空寂，性空眞理則不能異。故曰「無當則物無不當，無是則物無不是」。所「是」乃性空眞理，而非「是」一物「故是（性空眞理）而無是（無是一物）」，所「當」乃性空眞理，而非「當」一物，「故當（當性空眞理）而無當（無當一物）」。而性空眞理是諸法所不能異，故曰「物無不是」、「物無不當」。最後引經爲證，說「經云：盡見諸法而無所見」。〔註76〕般若聖智盡見諸法空性，而無取相，故曰「無所見」。無論是僧肇所說的「無當則物無不當」，或元康所述的「無當乃當眞理」，若以邏輯的三段論法來檢查，其實並不合邏輯，〔註77〕但是，正如鈴木大拙《禪佛教》所說的，僧肇所要指涉的，是某種終極實在，而此

〔註74〕同註68。
〔註75〕元康：《肇論疏》，大正四十五冊，No.1859，P180b。
〔註76〕僧肇所稱引，乃總括《放光般若經》：「雖行般若波羅蜜亦不見般若波羅蜜，於不見中盡見諸法」之意。大正八冊，No.221，P125b。
〔註77〕有關〈般若無知論〉的邏輯結構分析，參見 Richard H. Robinson 著，郭忠生譯：《印度與中國的早期中觀學派》，頁217～223。

一實在乃是無法歸屬於邏輯範疇的。〔註78〕

　　緊接著僧肇「是（是性空眞理）而無是（無是一物）」、「當（當性空眞理）而無當（無當一物）」的說法，難者又興起第四番問難：

> 聖心非不能是，誠以無是可是。雖無是可是，故當是於無是矣。是
> 以經云：眞諦無相，故般若無知者。誠以般若無有有相之知。若以
> 無相爲無相，有何累於眞諦耶？〔註79〕

難者根據僧肇「是而無是」的說法，提出「聖心非不能是，誠以無是可是」的意見。從認識的三個階段而言，難者以爲聖心非不能是（對認識的認識），誠以無有相的認識可認識（無是可是）。但雖然無「有相的認識」可是，也應當有「無相的認識」可是，所以說「以無相爲無相」，也就是說聖心可以認知到無相之認知。

　　僧肇答曰：

> 聖人無無相也。何者？若以無相爲無相，無相即爲相。捨有而之無。
> 譬猶逃峰而赴壑，俱不免於患矣。〔註80〕

凡夫在認識的第二個階段，是認識到該認識（有相之知）。如果聖心認識到該認識是「無相的認識」，這樣，「無相」便成了一種相。捨有相而著「無相」（也是一種相），因此僧肇說「譬猶逃峰而赴壑」，俱不免於過患。所以聖人「處有而不有，居無而不無。雖不取於有無，然亦不捨於有無。所以和光塵勞，周旋五趣。寂然而往，怕爾而來，恬淡無爲而無不爲」。〔註81〕處俗諦之中，不執有相，居眞諦之境，同樣不執無相，不取有無，也不捨有無，不住二邊，寂然鑑照，應物無慮，故恬淡無爲而無不爲。

五、般若非生滅智

　　本節共有三番問難，元康認爲三番都是關於般若聖智是否有生滅的問題，〔註82〕故本文合爲一節討論。

　　僧肇在〈般若無知論〉中曾說聖智「無爲而無不爲」，難者就在此興起第

〔註78〕鈴木大拙：《禪佛教》，頁 11～21。

〔註79〕同註68。

〔註80〕同前註。

〔註81〕同前註。

〔註82〕唐・元康《肇論疏》：「第四有三番生滅難也。三番即爲三」。大正四十五冊，No.1859，P180a。

一番生滅難：

> 聖心雖無知，然其應會之道不差。是以可應者應之，不可應者存之。
>
> 然則聖心有時而生，有時而滅。可得然乎？〔註83〕

聖心應接化度眾生，無有差失。機緣成熟者，則應之。機緣未成熟者，則作日後得度之緣，故曰「不可應者存之」。〔註84〕但難者以為，聖心既可揀擇分別，應時心生，不應時心滅，〔註85〕這樣可否說聖心有生滅？

案：「感觸直覺」可以分為「外部的感觸直覺」和「內部的感觸直覺」兩類。〔註86〕「外部的感觸直覺」是以外在世界的事物通過主體的先驗範疇而達成認知，因此所認知到的只是事物的現象，而不是「物自身」。同理，「內部的感觸直覺」也只能把握到心逐物而轉的生滅心象，而不是「心之在其自己」，依此而建立的知識也只是有關生滅心象的知識，而不是有關「心之在其自己」的知識，嚴格地說，「心之在其自己」不可能被感觸的直覺而覺察，因此它不可能成為知識。一切有關心的知識充其量只是心象的知識。難者以分解的知識來理解「般若」聖心的在其自己，所把握到的只是「應會」的心象，因此便發生「聖心無知」與「聖心有時而生，有時而滅」的疑惑。

對這一問難，僧肇的問答是：

> 生滅者，生滅心也。聖人無心，生滅焉起？然非無心，但是無心心耳。又非不應，但是不應應耳。是以聖人應會之道，則信若四時之質，直以虛無為體。斯不可得而生，不可得而滅也。〔註87〕

「生滅者，生滅心也」，乃指凡夫取相之知，凡夫根塵和合而生識是生，事過境遷則識滅，這種種的生滅都是「心象」，而不是「心的在其自己」。般若聖心離相不取，故無生（聖智之知不是根塵和合而生識之知），無生故無滅，所以說「聖人無心，生滅焉起」？但又恐人執著「無心」以為如木石之無心，所以說「非無心」，只是無生滅之心。「生滅之心」其實只是「心象」，而「心之在其自己」本無所謂生滅，它是覺則如如常覺、應則如如常應的。因此，僧肇的回答是就「心之在其自己」立言，目的在廓清「心之在其自己」與「生

〔註83〕同註68。

〔註84〕參元・文才《肇論新疏》，大正四十五冊，No.1860，P219a。

〔註85〕參元・才《肇論新疏》，同前註。及明・憨山：《肇論略疏》，同註73。

〔註86〕「外部的感觸直覺」可以覺知外在的事物。「內部的感觸直覺」則覺知我們內在的心的活動。請參閱牟宗三《智的直覺與中國哲學》。

〔註87〕同註68。

滅的心象」之間的混淆。

　　凡夫之應物，是先從根塵和合而生識，對事物產生認知之後，再作判斷，然後決定如何應物。因此，凡夫的應物是心、心所託緣而生的。從因緣生，故墮於生滅。〔註88〕聖人則不經過取相分別的認知過程，而是「隨感而應，本無將迎之心」。〔註89〕聖心隨外物之感而與之相應，而一旦相應便即成為「心象」，在這一層次上，可以說生滅。但聖人之心的「在其自己」是覺而常覺，應而常應的，故無生無滅。因此「又非不應，但是不應應」一句是就「聖心之在其自己」說的，聖心實能應（非如木石之無知無應），但它的應不是生滅之應，生滅之應只是「心象」，「心之在其自己」是應而常應的，是以能「信若四時之質」，應不失時。以寂滅真知隨緣應現，本無生滅，〔註90〕故「不可得而生，不可得而滅」。

　　聖智無知，本無生滅；惑智性空，也無生滅，兩者豈非無異？因此難者興起第二番問難：

　　　　聖智之無，惑智之無，俱無生滅。何以異之？〔註91〕

僧肇分兩層回答難者的問難。在第一層回答中，他指出聖智之無是「無知」，惑知之無是「知無」，兩者不可混同：

　　　　聖智之無者，無知。惑智之無者，知無。其無雖同，所以無者異也。

　　　　何者？夫聖心虛靜，無知可無，可曰無知，非謂知無。惑智有知，

　　　　故有知可無，可謂知無，非曰無知也。〔註92〕

聖智「無知」與惑智「知無」，其「無」雖同，然「所以無」者卻不同。般若（prajñā）是指能知諸法實相的覺照之心，故曰「聖心虛靜，無知（無認知）可無」，般若聖心是處在尚未發生認知活動之前的「心之在其自己」，本身不能構成任何分解的知識，以此稱為「無知」，並不是「知」（認知）然後無。惑智就是凡夫之知，凡夫以「感觸直覺」執取對象（取相）而生起認識作用，既有了認識作用，然後「無」之，故「有知可無」，可說是「知無」，而不是般若之無知。

　　在第二層回答中，僧肇以對象（境）與認知主體（智）的關係立言，若

─────────────

〔註88〕同註84。
〔註89〕同註73。
〔註90〕同前註。
〔註91〕同註68。
〔註92〕同前註。

就境智而言，「無知」是般若智，「知無」是所觀之境：

> 無知，即般若之無也。知無，即眞諦之無也。是以般若之與眞諦，
> 言用即同而異，言寂即異而同。同故無心於彼此，異故不失於照
> 功。……內有獨鑒之明，外有萬法之實。萬法雖實，然非照不得，
> 內外相與以成其照功，此則聖所不能同，用也。內雖照而無知，外
> 雖實而無相，內外寂然，相與俱無，此則聖所不能異，寂也。〔註93〕

「無知」即般若之無取相之知，而有鑒照之明。「知無」就是凡夫惑取之知，
以般若照之，惑智性空，即是眞諦之境。〔註94〕因此般若（無知）之與眞
諦（知無），言用即同而異：同者，謂兩皆是「無」；異者，般若有鑒照之用，
惑智有認知之用。言寂即異而同：異者，般若無知，眞諦性空；同者，二皆
無相。就其同者視之，般若覺照而無知，萬法雖實而無相，內外寂然，相與
俱無，故「無心於彼此」。自其異者視之，般若有「獨鑒之明」，外有萬法之
實，以般若聖智鑒照萬法，了知諸法性空，故「內外相與以成其照功」。

　　上文僧肇說般若與眞諦，言用則異，言寂則同。似謂般若有用（鑒照之
用）、寂（無知寂滅）之分，故難者說：「未詳般若之內，則有用寂之異乎」？
〔註95〕此爲第三番問難。僧肇答曰：

> 用即寂，寂即用，用寂體一，同出而異名。更無無用之寂而主於用
> 也。〔註96〕

「般若」（智的直覺）就它「在其自己」而言，常自如如、無相，是謂「寂」。
而此一直覺本來自有鑒照之「用」，此用並不隨外境之去來而有生滅，而是把覺
照之用收歸自己，所以文才《肇論新疏》說：「攝用歸體，體與用一」，〔註97〕
這樣，覺即如如常覺而無起滅，故能「智彌昧」、「神彌靜」（寂）而「照逾明」、
「應逾動」（用）。〔註98〕即體即用，體用一如。

　　綜觀〈般若無知論〉全文，可分成兩部分，第一部分標宗，第二部分問
答料簡。第二部分圍繞四項問題展開九番問答，辯論詳審。然全文宗趣，不

〔註93〕同前註。
〔註94〕同註68。
〔註95〕同前註。
〔註96〕同前註。
〔註97〕同註84。
〔註98〕僧肇：〈般若無知論〉：「是以智彌昧，照逾明；神彌靜，應逾動」。大正四十
　　　　五，No.1858，P154b。

外三點：

一、般若無知（無相之知）：「般若」雖有智照之知而無相，無能所，境智等的對待，非言說所能表詮，這點與《大智度論》可謂如出一轍。般若既然與凡夫的生滅心不同，它是知而無知相的，故曰「般若無知」。

二、般若無知而無所不知：取相之知是「有所知，則有所不知」的，「般若」非取相之知，其知沒有受認知系統的圈限，因此「般若」覺照之知是沒有封限的，所以說「無知故無所不知」。

三、神有應會（接化眾生）之用而無慮：因為「般若」有「不知而自知，不為而自為」的特質，所以能「智有窮幽之鑒而無知」、「神有應會之用而無慮」，知而不知，應物而無累，故能達到「神雖世表，終日域中，所以俯仰順化，應接無窮」〔註99〕的境界。

〔註99〕同註28。

第二章 從玄學到《肇論》聖人觀的深化與開展

第一節 玄學的聖人觀

　　「聖人」在我國傳統文化中，代表著最高的理想人格。但隨著時代思潮的轉變，對此理想人格也賦予不同的特質。東漢末年儒家經學漸趨沒落，代之而起的是道家玄學。但士人們對於儒家聖人還是相當尊崇，因此，在道家玄學盛行的時代，當討論到聖人特質的問題時，就出現了調和儒道的傾向。換言之，如何把積極有爲的儒家聖人與虛靜無爲的道家聖人的人格特質調和在一起，就成爲了魏晉思想家的努力方向之一。〔註1〕王弼、郭象分別代表了魏晉玄學的兩個高峰，因此本文分別選取了這兩位哲學家的學說，看看他們在這方面的努力方向和成果。

〔註1〕 劉劭《人物志》把人品分成三度，就是偏至、兼材、兼德，聖人就是兼德而至者，人格最爲崇高，〈九徵〉說：「兼德而至，謂之中庸。中庸也者，聖人之目也」（中華書局四部備要本）。勞思光先生在其《中國哲學史》卷二，頁160評劉劭的聖人觀說：「蓋中庸重在『兼』與『至』，即各面同得圓滿」。所謂「各面同得圓滿」的意義未必只限於調和儒道的聖人觀，但劉劭以「兼而至」來說聖人之中庸，正可反映他理想中的聖人不是只限於儒家聖人的有爲或道家聖人的無爲，而是能「兼」而「至」的聖人。〈九徵〉又說：「中和之質，必平淡無味，故能調成五材，變化應節」。如果把「平淡無味」理解爲道家聖人的特質；「調成五材，變化應節」看成儒家的理想聖人，那麼調和儒道兩家聖人觀的努力，在劉劭時便已經始其端倪了。

一、王弼的聖人觀

（一）「應物而無累於物」的聖人觀

聖人「應物而無累於物」是王弼與何晏、鍾會等人論辯聖人「有情」還是「無情」時提出的。何晏認為「聖人無情」，而王弼則認為「聖人有情」，《三國志・魏書》卷二十八〈鍾會傳〉注引何劭著〈王弼傳〉記載說：

> 何晏以為聖人無喜怒哀樂，其論甚精，鍾會等述之。弼與不同，以為聖人茂於人者神明也，同於人者五情也，神明茂故能體沖和以通無，五情同故不能無哀樂以應物，然則聖人之情，應物而無累於物者也。今以其無累，便謂不復應物，失之多矣。〔註2〕

從這段記載中我們可以把握以下三點：

一、「聖人無累」是何晏、王弼共同認可的大前提。

二、何晏因為「聖人無累」的前提，推論出「聖人無喜怒哀樂」的結論。換言之，何晏認為喜怒哀樂之情有累聖人之心，因此說「聖人無喜怒哀樂」，這樣便可以證成「聖人無累」的前提。何晏主張「聖人無情」的理據，湯用彤先生在〈王弼聖人有情義釋〉一文中認為：「漢魏之間自然天道觀盛行，天理純乎自然，貪欲出乎人為，推至其極，則聖人道合自然，純乎天理，則可以言無情，此……必何晏、鍾會之說所由興，乃道家之論也」。〔註3〕

三、王弼認為不能把「聖人無累」理解為不應物之無累，而應該是「應物而無累於物」。「應物而無累於物」之所以可能，在於聖人之「神明」茂於人。若依王弼的意見，聖人的「神明」就是《老子》「滌除玄覽」的「玄覽」，也就是能超越感性認知而觀照本體（無）的「直覺之智」。〔註4〕

〔註2〕 《三國志・魏書》卷二十八〈鍾會傳〉注引何劭著〈王弼傳〉。

〔註3〕 湯用彤先生〈王弼聖人有情義釋〉，見《魏晉玄學論稿》，收於《魏晉思想》乙編三種（臺北，里仁書局，1984年），頁85～86。

〔註4〕 林麗真〈王弼性其情說析論〉頁4，說：「何謂『神明』？若依王弼《老子注》中的意見，如〈十章注〉說『玄覽無疵，猶絕聖也。』又〈二章注〉說：『智慧自備，為則偽也。』即知是指玄覽（觀照）本體的能力，亦即『崇本』、『體無』的能力。這種能力，是超乎感情與理性的直覺之智，是指自己與道體間的內在聯繫完全打通會證的一種智慧神思與體悟經驗。」見《王叔岷先生八十壽慶論文集》（臺北，王叔岷先生八十壽慶論文集編輯委員會主編，1993年6月）。

聖人「神明茂」，故能體沖和以通無（體悟道體）；聖人「五情同於人」，故必有哀樂以應物，有哀樂以應物，就不能不累於物。這樣，聖人之體道與應物（有累）之間，應該如何溝通呢？也就是說應物與無累於物之境界如何可能？要解決這個問題，我們必須略述王弼的「性其情」說，以及聖人的「神明茂」與「性」的關係。王弼注《論語‧陽貨篇》「性相近，習相遠」說：

> 不性其情，焉能久持其正，此是情之正也。若心好流蕩失真，此是情之邪也。若以情近性，故云性其情。情近性者，何妨是有欲。若逐欲遷，故云遠也；若欲不遷，故曰近。〔註5〕

這段文字討論了性情的體用本末以及凡聖之異的問題，也就是討論聖人之情的發用爲何能不失其正，以及凡人之情爲何用而失正的問題。盧桂珍《王弼與郭象之聖人論》根據以上一段文獻比較聖凡之同異說：「聖與凡的『性』與『情』，皆是未盡全同。就性而言，相同之處在於聖凡皆是無善無惡；相異之處則在於有濃薄之分，當然聖人是濃而凡者是薄。聖人因而能有一虛靜清明之心體，可以使情近性，其情也因近性而無累於物。凡人之心則好流蕩失真，累於物而不知返於性本。故而聖凡之『情』，皆有喜、怒、哀、樂、欲五情者同，但是聖人應物而無累，凡人則累患其身，此二者之異」。〔註6〕

從以上所引的一段資料來看，王弼認爲聖人之所以能夠應物而無累於物，在於能以情近性，而凡人之所以應物而累於物，重點就在於不能以情近性。在這裡，情能否近「性」是決定能否應物無累的關鍵。那麼，「性」的內涵到底指向著怎麼樣的屬性？便成爲了王弼學說思想的重要底蘊。從他的《老子注》中，我們可以知道：在王弼的哲學體系中，「性」是指「自然之性」，《老子》二十九章注說：「萬物以自然爲性」，二十五章注又說：「道不違自然，乃得其性」。道以自然爲性，道生萬物，也以自然之性分賦予萬物，此之謂「德」。「德」者，就是萬物得之於道的稟賦，故五十一章注曰：「道者，物之所由也；德者，物之所得也」。萬物以得於道的稟賦爲其「性」，而道之性是「自然」，故萬物之「性」也是「自然」。

「性」既取「自然」義，故非正善的本體，卻具有使「情」可以順任自然

〔註5〕 王弼《論語釋疑》，見樓宇烈《王弼集校釋》（臺北，華正書局，1992 年）頁631～632。

〔註6〕 盧桂珍：《王弼與郭象之聖人論》（國立台灣大學中國文學研究所，1992 年碩士論文，指導教授：林麗眞教授），頁 60～61。

而正常發用的本質本能。〔註7〕聖人神明茂於常人，體沖和以通無，體悟道體的自然無爲。萬物之性得於道，體道即能體萬物之性（包括聖人自己的性），聖人既體自然之性，以情從性，其情之發用均能順任自然，故能應物而無累於物。

若把「性」與「情」的關係放在王弼本無末有的思想架構來看，「性」就是本，「情」就是末；以體用關係而言，「性」就是體，「情」就是用。「性其情」就是攝用歸體，那麼，「應物而無累於物」就是體用不離的圓融理境。

（二）「崇本息末」的聖人觀

自從《莊子》提出「內聖外王」之後，「內聖外王」便成了聖人的基本特質。也就是說討論聖人的人格時，除了聖人的主體修養之外，還要關涉到聖人事功的一面。「應物而無累於物」可以說是聖人的內聖修爲，然而王弼所說能「體沖和以通無」的聖人，如何把他的內聖推擴到外王的事功上？要瞭解這一點，便必須先從王弼的本體論思想說起。

王弼認爲現象萬物是「有」，而本體卻是「無」（道）。現象萬物是從「無」中生出，因此他的本體論架構是「本無末有」。但是「無」的始成萬物卻不是取積極的生成義，而是一種「不生之生」：

《老子》第十章　生而不有，爲而不恃，長而不宰，是謂玄德。

王弼《注》：不塞其原，則物自生，何功之有？不禁其性，則物自濟，

何爲之恃？物自長足，不吾宰成，有德無主，非玄而何？〔註8〕

「無」（道）之創生萬物不是作爲形上的實體而說一創生之源，而是不塞萬物生化之源，不禁萬物之性，而物自生，因此牟宗三先生名之爲「消極地生」。〔註9〕

王弼依照其「不生之生」的形上理路，落實在形下的踐履上，便主張聖人（人君）之治也是「不爲之爲」：

聖人達自然之性，暢萬物之情，故因而不爲，順而不施。除其所以迷，去其所以惑，故心不亂而物性自得之也。〔註10〕

〔註7〕同註4，頁4。

〔註8〕王弼《老子注》，同註5，頁24。

〔註9〕參閱牟宗三《智的直覺與中國哲學》，頁209。牟先生《才性與玄理》一書也有類似的說法：「『道生之』者，只是開其源，暢其流，讓物自生也。此是消極意義的生，故亦曰『無生之生』也」。（臺北，學生書局，1993年第八版），頁162。

〔註10〕同註8，頁77。

民心之不亂與物性之自得皆由乎聖人之不爲、不施，因此不爲即爲，所以王弼論聖人的事功，都是透過聖人不爲而使萬物自爲的方式來達成，此即王弼所提出的「崇本息末」，或「崇本舉末」。「崇本息末」和「崇本舉末」分析地說可以分爲兩個步驟，但眞實地說「息末」便已經包攝了「舉末」，因此「息末」與「舉末」其實只是一，不但「息末」與「舉末」是一，若依王弼本末不離的哲學體系而言，則方崇本之時即是息末，方息末之時即是崇本，故王弼常以存末、舉末、盡末、全末等義以釋息末，進而說明崇本與息末之互依關係，〔註11〕如此，崇本、息末、舉末可謂三事一齊並了。王弼《老子》三十九章注說：

> 是以聖人不以言爲主，則不違其常；不以名爲常，則不離其眞；不以爲爲事，則不敗其性；不以執爲制，則不失其原矣。因而不爲，損（《校釋》：疑「損」當爲「順」）而不施；崇本以息末，守母以存子。〔註12〕

不以言爲主，不以名爲常，不以爲爲事，不以執爲制，因而不爲、順而不施就是所謂的「崇本」。因爲聖人能不施爲造作，所以物得以不違其常，不離其眞，不敗其性，不失其原。這些地方的「息」字並不作止息解，而作生、存、全解，〔註13〕故「崇本息末」等於「守母（本）以存子（末）」。而聖人之所以能「崇本息末」的原因，林師麗眞認爲在於聖人能「妙體虛無，因任自然，不違自然而已。而所謂因任自然，不違自然，便是……完全依乎自然之規律，即於物而無所主，以暢通萬物自生、自蓄、自成之根源」。〔註14〕

　　王弼有意建構本末不離的哲學體系，然其思想的基本色調，是以《老子》自然無爲的思想來溝通儒道，認爲儒家所說的仁義禮敬等德目均以道家的自然爲本，三十八章注說：

> 故仁德之厚，非用仁之所能也；行義之正，非用義之所成也；禮敬之清，非用禮之所濟也。載之以道，統之以母，故顯之而無所尚，彰之而無所競。用夫無名，故名以篤焉；用夫無形，故形以成焉。

〔註11〕林麗眞認爲王弼論證「崇本息末」時，本末關係有三種層次：一是本末不離（即互依關係），二是本末相對，三是本末統合。見《王弼老、暢、論語三注分析》（臺北，東大圖書，1988年），頁53。

〔註12〕同註8，頁106。

〔註13〕同註11，頁39。

〔註14〕同註11，頁36。

守母以存其子，崇本以舉其末，則形名俱有而邪不生。〔註15〕

仁德、行義、禮敬在王弼的哲學體系中都只是居於「末」的位置，而他們的「本」不是儒家的道德本體，而是道家的「自然」之本。以儒家的道德本體發而爲仁義禮敬之用，是體用一貫之道。以道家的自然（崇本、守母）爲本發而爲仁義禮敬之用，使形名俱有（息末、舉末、存子）而邪不生，這顯然存在著體用不一之嫌。

王弼試圖挽合《老子》之自然無爲（本）與儒家的積極有爲（末），建立一套「無爲而無不爲」的本末不離、體用如一的哲學。而王弼所謂「無爲」的實際內容，實含有適才任能（《老子注》第三章　「唯能是任」、「唯用是施」）、不恃威制（《老子注》第七十二章　「威力不可任」）、不以智術動民（《老子注》第六十五章「思惟密巧，奸僞益滋」）等內涵。〔註16〕

「無爲而無不爲」其實是相當抽象的政治理想，王弼則以適才任能、不恃威制、不能智術動民等各項來賦予他實際的內涵。這幾項雖然都具備一些可操作性，但是，卻仍然無法完全適應實際層面的政治施爲的多變性和多樣性。儒家開物成務、制器立法的有施有爲，恐怕仍然有其實際的意義。因此，在《周易注》中，王弼便不再一味地堅持「無爲」，在一些特殊的狀況之下，他也講「有爲」，如《周易・蠱卦注》說：「蠱者，有事而待能之時也。可以有爲，其在此時」，又說：「因事申令，終則復始，若天之行用四時也」，「有事而待能之時也，故君子以濟民養德也」。〔註17〕《周易・鼎卦注》說：「革去故而鼎取新，取新而當其人，易故而法制齊明」，「革既變矣，則制器立法以成之焉。變而无制，亂可待也；法制應時，然後乃吉。賢愚有別，尊卑有序，然後乃亨」。〔註18〕可見王弼並不是一味地說無爲，有時也說有爲。

濟民養德、法制齊明、制器立法使賢愚有別、尊卑有序，這豈不是與儒者的作爲無別嗎？是的，在這些政治施爲上，王弼確實是有取於儒家聖人的開物成務。但是，在聖人的用心上，他並不是以儒家生生不息之仁體爲本，而是取道家自然無爲的虛靜之心爲本。回歸到他的「崇本息末」架構來看，在王弼學說思想之下的聖人雖然創制立法，法制齊明，但是，聖人只是「因」

〔註15〕同註8，頁95。
〔註16〕同註6，頁78～81。
〔註17〕王弼：《周易注》，同註5，頁308。
〔註18〕同前註，頁468～469。

事「申」令，因、任、順、應物事之必然，而申明法令。如果說因、任、順、應是「崇本」、「守母」的話，那麼申明法令、創制立法便屬於全末、舉末、存子了。而且，王弼認為一旦功成事遂，依然要「功成則事損，事損則無為」，〔註19〕不能一概有為，流於捨本逐末。

就「崇本息末」說看，王弼雖然抱著「即用顯體，即體顯用」的觀點，認為崇本可以息末——掌握了本體，也就是掌握了現象，所以才說「守母以存其子，崇本以舉其末」。〔註20〕但是，若仔細分析他所說的「本」、「末」的內涵，其實是以儒家禮法名教為「末」，以道家自然無為為「本」。但是自然之本，如何能生起名教之末？這就顯然犯了本末體用不一的毛病。

因此，王弼所理解的「無為而無不為」之所以可能，一方面是在於聖人妙體虛無，順任自然，適才任能，使萬物自生、自蓄、自成；另一方面，在不得已必須有所施為時，也是以崇本舉末的方式，因應物事，創制立法而內心體無通道而無累。

綜觀王弼的聖人觀，他是以攝用歸體的方法來達到「應物而無累於物」的體用圓融的理境。可是在王弼的整體思想架構中觀察他的「崇本息末」義，「守母以存其子」可以說是體用、本末關係的總綱。〔註21〕但是王弼所說的「體」、「本」、「母」的內涵是道家的自然無為；而「用」、「末」、「子」的內涵則包括了儒家的仁義禮敬，這樣的體用不離之學，就變成了體用不能「一以貫之」之學。在這樣的思想架構下，仁義禮敬不是由生生不已的「仁體」發出，而是由無為虛靜的主體心靈，透過因順自然，任物自為來達成。雖然在王弼高度的哲學巧思之下，儒家的有為與道家的無為得到調和；在「崇本息末」的架構之下，名法禮教在清虛無為的心靈之下得到保全，但是，畢竟多了一層轉折；在「以無為本」的本體論思維下，雖說貴無而不賤有，但是，畢竟有了本末、體用、輕重之別，而不能體用一如。而且聖人的施為造作既要符應「崇本息末」的原則，便不能不減低了聖人開物成務的能動性了。

〔註19〕王弼：《周易・革卦注》，同前註，頁 467。
〔註20〕同註 11，頁 40。
〔註21〕林麗真在《王弼老、易、論語三注分析》中，認為「崇本息末」有三種層次：一是由體用不離的關係，申明崇本可以舉末，守母可以存子。二是由本末對立的關係，強調崇本以止息末，反對捨母以用子。三是挽回逐末忘本者的心，啟悟他們去觀照本體的真象，恢復「以本統末，以末歸本」的自然律則。在論證上雖然可以分為三個層次，但第二、第三個層次都必須要在肯定第一個層次的前提下才能提出，可見「守母以存其子」是王弼哲學中本末、體用關係的總綱。

二、郭象的聖人觀

（一）跡冥圓融的聖人觀

　　調和儒道兩家的聖人觀，是魏晉玄學中的一個重要的時代議題，王弼以「崇本息末」的架構來調和儒道，雖然減低了儒道兩家思想的根本對立，而使儒家有為之學會歸於道家清虛無為的主體心靈之下。但是，王弼之說，在哲學思辨上，仍然留下一些有待繼續深究的課題，例如「體無通道」、「崇本息末」說雖然可以解釋聖人的「應物而無累於物」，但是，道家的清虛無為式的「崇本」，充極只能做到消極的全末、盡末、存末。這樣，「以無為本」的形上思維，是否限制了聖人施為創制的能動性呢？若聖人在必要時採取更為積極的創制立法的有為施作，那麼，是否就不能再崇清虛無為為本呢？若堅持以道家式的清虛無為為本，那麼，虛清無為之本如何可能開出儒家開物成務之末呢？此中是否存在著體用不一的矛盾呢？郭象作為魏晉玄學中的另一個重鎮，在這些議題上，當然是不能缺席的了。但是，郭象對此一時代議題的回應，主要是籍著《莊子注》來表達的，因此，在思想背景和時代背景上，郭象與莊子都有著極大的差異，〔註 22〕連帶在聖人觀上，郭象也顯出與莊子極大的齟齬不合。這在郭象對莊子的評價中，清楚地呈現出來，他認為莊子只是知道聖人的理境，而在踐履上，尚未能達到聖人的境界，《莊子序》說：

> 夫莊子者，可謂知本矣，故未始藏其狂言，言雖無會而獨應者也。夫應而非會，則雖當無用；言非物事，則雖高不行；與夫寂然不動，不得已而後起者，固有間矣，斯可謂知無心者也。夫心無為，則隨感而應，應隨其時，言唯謹爾。故與化為體，流萬代而冥物，豈曾設對獨遘而游談乎方外哉！……然莊生雖未體之，言則至矣。通天地之統，序萬物之性，達死生之變，而明內聖外王之道。〔註 23〕

可見郭象的理想人格是能夠調和「方外」與「方內」的對立，使「內聖」與「外王」通而為一的聖人。因此，他認為「無為」並不是指「拱默山林」的不理會世事，他說：「若獨亢然立乎高山之頂，非夫人有情於自守，守一家之偏尚，何得專此！此故俗中之一物，而為堯之外臣耳」。〔註 24〕亢然獨立於高

〔註 22〕郭象與莊子的差異，參閱湯一介：《郭象與魏晉玄學》，（臺北，谷風出版社，1987 年）。

〔註 23〕郭象《莊子序》，見清・郭慶藩《莊子集釋》（臺北，貫雅文化，1990 年）。

〔註 24〕郭象《莊子注》，同前註，頁 24。

山之上的方外之士，由於心中尚有偏執，郭象認爲只是「俗中之一物」而已。
因此他心目中的聖人依然是堯，因爲堯既有君位，而其心又能「無心玄應，
唯感之從」，也就是《莊子序》中所說的「心無爲，則隨感而應，應隨其時」。
由於堯的有爲是無心玄應，因此他雖然日理萬機，而其心未嘗不逍遙。這樣
的聖人形象，與王弼「應物而無累」的聖人觀，可謂有著異曲同工之妙。只
是王弼是以「體沖和以通無」、「性其情」、「崇本息末」來曲成聖人之「應物
而無累」。而郭象則以「跡冥圓融」來詮釋聖人之境：

> 天下雖宗堯，而堯未嘗有天下也，故窅然喪之，而嘗遊心於絕冥之
> 境，雖寄坐萬物之上而未始不逍遙也。……大堯實冥矣，其跡則堯
> 也。自跡觀冥，內外異域，未足怪也。世徒見堯之爲堯，豈識其冥
> 哉！〔註25〕

天下雖宗堯，而堯未嘗有天下，可見堯不以天下累其心，「窅然喪之」就是無
心於爲。但堯爲天下之君，這是事實，也就是堯之「跡」。但堯並不因爲天下
宗之而有所繫累，其心遊於絕冥之境，未嘗不逍遙，這就是「冥」。爲甚麼堯
能寄坐於萬物之上而未嘗不逍遙？其中的關鍵就在於「冥」。郭象自己也說：
「世徒見堯之爲堯，豈識其冥哉！」換言之，以跡視跡而不知「冥」，是無法
瞭解堯的境界的。

那麼「冥」到底是甚麼意思呢？根據一般的用法，「冥」字有幽暗、暗晦、
深遠、冥默、幽寂等意思。但「冥」字作爲郭象哲學體系中的重要觀念被使
用時，並不是僅限於此，而是取「暗合」、「與物暗合」、「與理暗合」的意思，
例如「與物相冥」、「內外相冥」、「理與物冥合」、「與造化相冥爲一」等等，
都是取「暗中相合」之義。〔註26〕如郭象〈逍遙遊注〉也說：「夫唯與物冥而
循大變者，爲能無待而常通」。〔註27〕「無待而常通」就是聖人絕對的逍遙。
絕對的逍遙必須要透過「與物冥而循大變」來開顯，郭象〈大宗師注〉說：

> 聖人游於變化之塗，放於日新之流，萬物萬化，亦與之萬化，化者
> 無極，亦與之無極，誰得遯之哉！〔註28〕

「萬物萬化，亦與之萬化，化者無極，亦與之無極」正是「與物冥而循大變」

〔註25〕同前註，頁 34。
〔註26〕參閱許抗生《魏晉思想史》，（臺北，桂冠圖書，1992 年），頁 194～195。
〔註27〕同註24，頁 20。
〔註28〕同前註，頁 246。

的最佳注釋。聖人之所以能與物冥合，順物變化，就在於聖人能消弭物我的對待，內外都忘，玄同彼我：

> 故大人不明我以耀彼而任彼之自明，不德我以臨人而付人之自得，
>
> 故能彌貫萬物而玄同彼我，泯然與天下為一而內外同福也。〔註29〕

聖人之所以能夠與物冥合的關節，在於能無其己，所謂「有其己而臨物，與物不冥矣」（〈人間世注〉），若以一己之主觀意志強加於萬物，則勢必造成己與物對立的狀態，因此，聖人不明我、不德我以臨人，而使物我在泯然冥合的狀態下達到玄同彼我的境界。彼我玄同，故天下無與己對立者而玄同為一。聖人既無其己而與物玄同、冥合，故能順萬物萬化，亦與之萬化，化而無極，亦與之無極。所以郭象《齊物論注》說：

> 聖人付當於塵垢之外，而玄合乎視聽之表，照之以天而不逆計，放
>
> 之自爾而不推明也。〔註30〕

所謂「照之以天」就是說聖人以內外都忘的心觀照萬物，在此心靈的朗照下，物我的種種封限都消弭淨盡，而呈現物我玄合的和諧之境界。在此境界下，聖人不以一己的意志宰制萬物，與物冥合，玄同彼我就是聖人之「無為」，放萬物於自得之場而任物自然、自爾，萬物萬化，亦與之萬化，化而無極，亦與之無極，就是「無不為」。所以，放萬物之自爾而不推明，正是聖人之「無為而無不為」。這裡「自爾」一詞頗值得注意，它與郭象的聖人觀有密切的關係，下文將對此再作進一步的討論。

（二）「自生」思想下的聖人觀

「自爾」一詞的使用，在郭象《莊子注》中是與自生、自然、自為等辭語有著相同意義的，它們都是關涉著一本體論的命題而被使用。以何晏、王弼為首的玄學貴無派認為萬物背後必須以「無」作為本體。但郭象並不認為如此，他說：

> 無既無矣，則不能生有，有之未生，又不能為生。然則生生者誰哉？
> 塊然而自生耳。
>
> 造物者無主，而物各自造，物各自造而無所待焉，此天地之正也。
>
> 罔兩非景之所制，而景非形之所使，形非無之所化也，則化與不化，

〔註29〕同前註，頁185。

〔註30〕同前註，頁100。

　　然與不然，從人之與由己，莫不自爾，吾安識其所以哉！〔註31〕

「無」在王弼的學說體系中，是萬物無不經、無不由的形上本體，「無」雖然視之不可得而見，聽之不可得而聞，搏之不可得而得，但是，他卻是真真切切存在的形上實體，他絕對不是「零」或「不存在」。然而，在郭象的思想體系中，「無」不再是萬物的本體，他是存在的欠缺、有的相反詞，相當於「零」或「不存在」。由於郭象對於「無」的定義與玄學貴無派完全不同，「無」在他的哲學體系中，不再是宇宙生成的造物主，也不是萬物存在之基的本體之「無」，他在萬物之上也不施設任何形而上的本體，萬物萬有無不是「自生」、「自造」、「自爾」的，所以「有」便成了無本體的存在，或者說是「有」以自己的存在為本體的。〔註32〕如果以本末、體用的架構來衡量郭象的「自生說」的話，那麼，萬物在郭象的學說體系中，便成為了即本即末、即體即用的存有物了。

　　在郭象的自生說那裡，萬物既然成了無本體的、或即本即末、即體即用的自生、自爾、自化的存在，那麼，萬物之性分當然也不必得自於道體之無，而是在自然生化的同時，所稟受的不同質素，這些不同的質素，便成為了萬物千差萬別的「性分」。郭象不僅說萬物之內在性分出於自然、自爾，更進一步，他也把社會等級之區分也一一視為出於性分之自然，郭象在〈齊物論注〉說：「君臣上下，手足外內，乃天理自然」。〔註33〕莊耀郎《郭象玄學》便說：「皁隸、臣妾、君臣的區分是後天人事的安排，人為的制度所致，郭象並非對客觀制度層面討論其由誰制作，或由誰任事及其合理性如何的問題。而是直接承認這一切的社會等級的區分就各人而受性分之向外符應，天性所受與其現實居之位，皆一一對應，認為這些人為的等級制度的制定是自然而然，人性本當有者，此君何以為君，此人何故為臣，此女何以為妾，此人又何故為皁隸，不必追究皆視為天理之自然，甚至擬之於手足外內，各安於其分位，不得希幸相冒，否則物喪其真」。〔註34〕這樣，上至帝王將相，下至販夫走卒，只要能各安其性分，統統都可以說是自然逍遙。如斧能刻木這是斧的性分，工人之用斧也是出於自然，這樣工人用斧刻木的行為也並非人為的造作施為，而是出於自然無為。〔註35〕既然工人刻木的作為都已經是自然無為，那

〔註31〕同前註，頁 50，111。
〔註32〕同註 26，頁 5。
〔註33〕同註 24，頁 58。
〔註34〕莊耀郎：《郭象玄學》（台北，里仁書局，1998 年初版），頁 119。
〔註35〕郭象《莊子・天道注》：「斧能刻木而工能用斧，各當其能，則天理自然，非

麼百官治事，群品分職也就不能算是有爲造作了，所以郭象說：

> 夫在上者，患於不能無爲而代人臣之所司。使咎繇不得行其明斷，
> 后稷不得施其播殖，則群才失其任而主上困於役矣。故冕旒垂目而
> 付之天下，天下皆得其自爲，斯乃無爲而無不爲者也，故上下皆無
> 爲矣。但上之無爲則用下，下之無爲則自用也。〔註36〕

咎繇之明斷，后稷之播殖，若站在莊子的立場來說，都是屬於人爲造作，不合自然無爲之道。但郭象卻認爲這些作爲都是出於自爲、自用，合乎自然之道（此處的自然要放在他自生說的體系來理解），因此正合無爲之道。所以湯一介先生說：「郭象實際上只取了『無爲』的形式，而實以『有爲』的內容。他給這種形式上的『無爲』而實際上的『有爲』，解釋成『各司其任』的『爲』叫做『無爲』」。〔註37〕

　　若與「跡冥圓融」說合觀，聖人以玄同彼我的心靈觀照萬物，與物冥合，放物於自爾自得之場而不推明。如此，物的自爲等於聖人之爲（玄同彼我故也），而實則聖人無爲，他只是靜觀萬物，與物冥合而順物自然而已。但物之所以能夠完滿自足地自爲自爾，則確由乎聖人之不爲；而物之自爲則又反過來完成聖人的「無不爲」。故聖人之「無不爲」實由於玄同彼我之「無爲」。玄同彼我，故「彼」之自爲即「我」之所爲，而實際上「我」並非有爲，所以在此意義下可以說「無爲即爲」。

　　綜觀王弼與郭象的聖人觀，都是以「應物而無累於物」作爲聖人的最高理境：在王弼則提出聖人「體沖和以通無」、「以情近性」、「崇本息末」來論述聖人之「應物而無累於物」。此中雖然緩和了儒道聖人觀的差異性，但是，在學說思想上，仍然不免體用不一之嫌；在「以無爲本」的形上思維上，聖人開物成務的能動性，仍然不免受到限制。

　　郭象「跡冥圓融說」和「自生說」的提出，可說是對王弼學說體系的困境的突破。在「跡冥圓融說」之下，堯富有天下，日理萬機，那都是表面上的行跡，至於堯能否逍遙自在，不爲物累，那是堯的主觀心靈境界，只要堯在主觀心靈上能窅然若喪天下，那麼，即使他終日揮形，仍無礙其逍遙自得。與王弼的「崇本息末說」相較，郭象「跡冥圓融說」對於聖人的詮釋，突破

　　　　有爲也」。同前註，頁 465。
〔註36〕同註28。
〔註37〕湯一介：《郭象與魏晉玄學》，同註22，頁 162。

了本末、體用架構所帶來的限制，不必拘拘於體無、崇本、守母的虛靜自守，跡冥無礙，大大地釋放了聖人開物成務的能動性，在建構聖人觀的學說上，也取得了比王弼聖人說更大的空間與自由。

　　另一方面，「自生說」的提出，是對於形上本體概念的消解，萬物的存在不必依賴任何形式的形上本體，而就在自身的自然自爾中，展現其自足完滿的性分。由於自然、自爾的性分，實涵蓋各階層人物在社會中的實然，那麼，各階層人物的各盡己能（自為），同樣也屬於自然的一部分，不能視為人為的造作。如此，在「自生說」之下，萬物莫不自生、自然、自造、自為、自爾，即本即末，即體即用，即無為即無不為，故聖人可以「冕旒垂目而付之天下，天下皆得其自為，斯乃無為而無不為者也」，最終達到上下皆無為的理想境地。

第二節　僧肇的聖人觀

一、僧肇由玄入佛的意義

　　據梁・慧皎《高僧傳・僧肇傳》所載，僧肇是京兆人，即今日之陝西省西安人。他因為家貧，所以小時候「以傭書為業」，替別人抄書為生。也因此使他有機會「歷觀經史，備盡墳籍」。但僧肇或因個人性向，或受魏晉玄談的時代風氣影響，他雖然歷觀經史，但卻不曾棲心於儒家哲學，反而「志好玄微，每以莊老為心要」。然而他雖然喜愛道家玄旨，但對老子則尚有微詞，他讀老子《道德經》，曾歎惜地說：「美則美矣，然期棲神冥累之方，猶未盡善」！後見舊《維摩經》，歡喜頂受，披尋玩味，乃言知所歸矣，因此出家。〔註38〕福永光司對於《高僧傳》的這一段記載，認為：對於僧肇來說，不是在老莊思想和佛教思想中二者擇一的問題，而是把佛教作為老莊思想的新的開展。〔註39〕儘管如此，對於《高僧傳》的這一段敘述，我們還是要問這樣的問題，就是僧肇認為《老子》「棲神冥累之方」，究竟是甚麼意思？為甚麼見舊《維摩詰經》卻歡喜頂受？他由道入佛的心路歷程，又代表甚麼意義？

〔註38〕梁・慧皎《高僧傳・僧肇傳》，大正五十冊，No.2059，P365a。
〔註39〕福永光司：〈僧肇と老莊思想──郭象と僧肇〉，收於塚本善隆編：《肇論研究》（京都，法藏館，昭和三十年九月），頁253。

　　《僧肇傳》並沒有進一步說明他批評老子「期棲神冥累之方，猶未盡善」的理由，因此要明瞭這句話的真切意義，不妨從他的《注維摩詰經》中，瞭解他為甚麼讚歎《維摩詰經》，從而把握他對《老子》評論的真實意義。他在其《注維摩詰經序》中這樣稱讚《維摩詰經》：

> 維摩詰不思議經者，蓋是窮微盡化，絕妙之稱也。其旨淵玄，……非二乘所議……眇莽無為而無不為。固知所以然而能然者，不思議也。何則？夫聖智無知而萬品俱照，法身無象而殊形並應，至韻無言而玄籍彌布，冥權無謀而動與事會。故能統濟群方，開物成務，利見天下，於我無為。〔註40〕

這段文字極力稱讚大乘佛法的不可思議，責實而言，仍然可以用「無為而無不為」來統攝。不知所以然、聖智無知、法身無象、至韻無言、冥權無謀都是「無為」。能然、萬品俱照、殊形並應、玄籍彌布、動與事會就是「無不為」。因此「我」雖然無為，而能夠統濟群方，開物成務，利見於天下。然而「無為而無不為」卻是《老子》提出的觀念，那麼僧肇為甚麼讚此而責彼呢？

　　其實「無為而無不為」雖然是《老子》所提出，但是魏晉玄學家多以聖人無為而順任萬物之自為、自化說之。王弼《老子注》說：「言至明四達，無迷無惑，能無以為乎！則物化矣。所謂道常無為，侯王若能守，則萬物將自化。」又說：「不塞其原，則物自生，何功之有？不禁其性，則物自濟，何為之恃？物自長足，不吾宰成，有德無主，非玄而何？」〔註41〕因此所謂的「無為而無不為」，只是不以一己的主觀意志杜塞萬物的生機，如此萬物自然能各遂其性而生長發榮，故牟宗三先生稱之為「消極的不生之生」。即使是郭象《莊子注》也仍然保留了人君無為而任臣下自為的說法。而《老子》書中，也常常說物之「自」為，如十七章說「功成事遂，百姓皆謂我自然」，三十二章說「民莫之令而自均」三十七章又說：「道常無為而無不為，侯王若能守之，萬物將自化。」五十七章說：「我無為而民自化，我好靜而民自正，我無事而民自富，我無欲而民自樸。」因此《老子》的旨趣只是清靜無為，認為人君如果能清靜無為，則萬民將自均、自化、自正、自富、自樸，這就是無不為。因此「無不為」只是由清靜無為所衍生的效果。也就是說《老子》所說的「無為而無不為」是主體無為而任外界所有客體自為，物各自為，便是無不為。

〔註40〕僧肇：《注維摩詰經序》，大正三十八冊，No.1775，P327a。
〔註41〕同註8，頁24。

　　反觀僧肇《注維摩詰經序》中所稱許的「無爲而無不爲」，是在聖人終日統濟群方，開物成務，而內心無爲。換言之，僧肇認爲：《維摩詰經》所展現的是主體「無爲」的修養不防礙「無不爲」的事業，並不是主體無爲而任萬物之無不爲。因此《老子》只能以一靜觀萬物皆自得的境界形態出現，而《維摩詰經》卻能「開物成務，利見天下」而於我無爲。因此僧肇雖然借用了《老子》的「無爲而無不爲」一語，但內涵意義卻不同。

　　尤其值得注意的是僧肇《注維摩詰經》，在解釋菩提道或菩薩道之不可思議時，用語多出自《易經》，如〈菩薩品〉「菩提者，不可以身得，不可以心得」注云：

> 自此下大明菩提義也……其爲道也，微妙無相不可爲有，用之彌懃
> 不可爲無。……大包天地而罔寄，曲濟群惑而無私，至能導達殊方，
> 開物成務，玄機必察，無思無慮。〔註42〕

案：「大包天地而罔寄，曲濟群惑而無私」句法語意摹仿《易經·繫辭上傳》第四章「範圍天地之化而不過，曲成萬物而不遺」，「開物成務，玄機必察，無思無慮」疑是檃括《易經·繫辭傳》第十章「易無思也，無爲也，寂然不動，感而遂通天下之故……夫易，聖人之所以極深而研幾也。唯深也，故能通天下之志，唯幾也，故能成天下之務」。可見僧肇心目中的不可思議菩提道，是有其曲濟群惑、開物成務的積極意義的，換言之，就是要求清靜無爲不礙有爲施設，行止有爲不礙清靜無爲，並不止於《老子》任物自爲式的「無爲而無不爲」，而是更進一步要求開出積極的即動即靜之學。

　　《維摩詰經》是宣揚大乘佛教的經典，其中自然有不少地方破斥小乘的拘狹。僧肇在這些地方的注文，也可以幫助我們對「(《老子》)美則美矣，然期棲神冥累之方，猶未盡善」一段話的理解。《維摩詰經》〈佛道品〉「如是不入煩惱大海，則不能得一切智寶」，僧肇注云：

> 二乘既見無爲安住正位，虛心靜漠，宴寂恬怡。既無生死之畏，而
> 有無爲之樂，澹泊自足，無希無求，孰肯蔽蔽以大乘爲心乎。〔註43〕

這是僧肇讚大（乘）斥小（乘）的文字，此處的「無爲」是指涅槃，與《老子》的「無爲」義不同。但是「虛心靜漠，宴寂恬怡」，「澹泊自足，無希無求」，用來形容《老子》之學，卻未嘗不可。小乘行人冀求清虛之樂，而無大

〔註42〕僧肇：《注維摩詰經》，同註40，P362c。
〔註43〕同前註，P392b。

乘慈悲救世的精神，也就是說耽於「無爲」而不能積極有爲地救渡眾生，這正是僧肇不滿小乘之處。

行文至此，我們已經可以比較清晰地把握僧肇批評《老子》「期棲神冥累之方，猶未盡善」的確切涵義，就是《老子》僅僅追求虛心靜漠，澹泊自足的精神境界，而不能積極地開出即體即用、即動即靜之學，因此難免以物爲累。而大乘佛教菩提道卻可以於無爲、有爲中往來自如，不必期於無爲之樂，也不會以物爲累。不但不以物爲累，更進一步肯定物累不離菩提，體用一如，即體即用。然而《老子》的玄旨不可謂不深玄，文字不得謂不優美，故僧肇也不得不稱美，然而在稱許之中，尚覺有所不能厭心切理處，故又不得不稍有微詞。及聞《維摩詰經》，盛發大乘佛教般若學即體即用之學，遂歡喜頂受，知所歸向。這就是僧肇由道入佛的意義。雖說僧肇的由道入佛，未必表代著在老莊、佛教之間二者擇一的抉擇，但卻可以認爲：對僧肇來說，佛教般若學較之老莊思想，在玄學義理上，在即動即靜，即無爲即有爲、即寂即用的聖人境界上，又發展得更爲圓融無礙，更能切理厭心。

二、僧肇的聖人觀

僧肇四論中雖然並沒有立一專篇來討論理想人格的問題，但對於聖人（佛）的描述與讚嘆在他的四論中卻隨處可得，尤其〈般若無知論〉、〈涅槃無名論〉兩篇論文對聖人的描述更是比比皆是。

首先，僧肇認爲聖人與一般凡夫的不同在於「神明」：

> 夫聖人功高二儀而不仁，明逾日月而彌昏，豈曰木石瞽其懷，其於無知而已哉！誠以異於人者神明，故不可以事相求之耳。〔註44〕

聖人異於人的「神明」，在於聖人能證悟「至虛無生」的諸法空性，契神於「有無之間」，「即萬物之自虛」故不爲萬物累其神明，〈不眞空論〉說：

> 夫至虛無生者，蓋是般若玄鑑之妙趣，有物之宗極者也，自非聖明特達，何能契神於有無之間哉！……豈不以其即萬物之自虛，故物不能累其神明者也。〔註45〕

聖人即萬物之自體而證悟諸法性空——非有非無，因爲萬物「非有」，故不落入常見；因爲萬物「非無」，故不落入斷見。了知萬物緣起性空，而現象宛然

〔註44〕僧肇：〈般若無知論〉，大正四十五冊，No.1858，P153b。
〔註45〕僧肇：〈不眞空論〉，同前註，P152a。

而有，故離有無兩邊，所以說「物不能累其神明」。

聖人證悟諸法眞際的智慧是無相之知——般若無知。無取相之知而有鑒照之用，故能「無知而無所不知」。聖人應會接化眾生而神無累，所以「無爲而無所不爲」，應緣而現，無有方所：

> 放光云：佛如虛空，無去無來，應緣而現，無有方所。然則聖人之在天下也，寂莫虛無，無執無競，導而弗先，感而後應。……其爲稱也，因應而作，顯跡爲生，息跡爲滅，生名有餘，滅名無餘。然則有無之稱，本乎無名。無名之道，於何不名，是以至人居方而方，止圓而圓。在天而天，處人而人。原夫能天能人者，豈天人之所能哉！果以非天非人，故能天能人耳。其爲治也，故應而不爲，因而不施。因而不施，故施莫之廣，應而不爲，故爲莫之大。爲莫之大，故乃返於小成，施莫之廣，故乃歸乎無名。〔註46〕

佛如虛空，無去無來，無相無名。因爲無相無名故無有限定，因此居方而方，止圓而圓，在天則爲天人，在人則現人身。聖人之所以能無所不形，無所不生，就在於他能本乎「無名」（涅槃）之道，感而後應，故能因應無方。〈般若無知論〉也有類似的描述：

> 是以聖人虛其心而實其照，終日知而未嘗知也。故能默耀韜光，虛心玄鑒，閉智塞聰，而獨覺冥冥者矣。然則智有窮幽之鑒而無知焉，神有應會之用而無慮焉。神無慮，故能獨王於世表，智無知，故能玄照於事外。智雖事外，未始無事，神雖世表，終日域中，所以俯仰順化，應接無窮。……斯則不知而自知，不爲而自爲矣。〔註47〕

凡夫取相之知，有所知則有所不知。聖人無取相之知（虛其心）而有鑒照之用（實其照）。無取相之知，故曰「無知」，有鑒照之用，理無不契，故曰「無所不知」。聖人證悟諸法性空，知一切法了不可得，故無所繫累，所以「神無慮」。神無慮而有無窮的應會之用，故能神在世表，而終日域中，俯仰順化，接引眾生。盡知一切法而無知，俯仰接引，應化萬機而無累，也就是「無知而無所不知」、「無爲而無所不爲」，所以說「不知而自知」，不爲而自爲」。

「無爲」是寂，「無所不爲」（即爲）是用，〔註48〕因此僧肇有時以用寂

〔註46〕僧肇：〈涅槃無名論〉，同前註，P158c。
〔註47〕同註44。
〔註48〕寂用的關係也可以理解爲體用、本跡的關係，但因爲早期般若中觀學派的努

的關係來說「無為而無所不為」：

> 用即寂，寂即用，用寂體一，同出而異名，更無無用之寂，而主於
> 用也。是以智彌昧，照逾明，神彌靜，應逾動。〔註49〕

〈涅槃無名論〉把即動即靜，即為即無為的關係說得更清楚：

> 經稱聖人無為而無所不為。無為故雖動而常寂。無所不為，故雖寂
> 而常動。……故逾寂逾動。所以為即無為，無為即為，動寂雖殊，
> 而莫之可異也。……所以應化無方，未嘗有為，寂然不動，未嘗不
> 為。……心彌虛，行彌廣，終日行，不乖於無行者也。〔註50〕

用即寂，寂即用，用寂體一。為即無為，無為即為，故為與無為也是體一無
差。逾寂逾動，逾動逾寂，故即動即靜，動靜不二。因為在聖人體證的最高
理境中，用與寂、為與無為、動與靜的對立關係完全消解，故能即聖人的主
體開顯本跡不二，體用圓融的境界。這也正是僧肇《注維摩詰經》序所說「統
濟群方，開物成務，利見天下，於我無為」的境界。

　　《肇論》各篇都或多或少地描述了聖人（佛陀）之姿，而讓僧肇再三致
意者，莫過於聖人「無為而無所不為」的境界。僧肇對於此一境界的論證，
不同於王弼以無為本的「崇本息末說」，以及郭象自生思想下的玄同彼我、順
物自為。而是《維摩詰經》中所說的「從無住本安立一切法」。在《維摩詰經·
觀眾生品》有云：

> 又問：顛倒想孰為本？
> 答曰：無住為本。
> 又問：無住孰為本？
> 答曰：無住則無本。文殊師利，從無住本，立一切法。〔註51〕

僧肇《注維摩經》云：

> 一切法從眾緣會合而成體，緣未會則法無寄。無寄則無住，無住則
> 無法。以無法為本，故能立一切法也。〔註52〕

力在於消解說一切有部對本體的執著，因此早期中觀學派被認為是無本體之
學。僧肇接受早期般若中觀學的薰習，也致力於否定萬物的實在性。因此在
論及體用問題時避免使用「體用」一詞，而用「寂用」代替。

〔註49〕同註44，P154c。
〔註50〕同註46，P160c。
〔註51〕同註42，P386c。
〔註52〕同前註。

以無法爲本，故法法平等，都是當體無自性，畢竟空的。就「無本」而言：法法只是現象假有，無一法不是緣會而有，緣散而無。就「無自性、畢竟空」而言：則法法平等，當體即空。此即〈不眞空論〉說「不離眞而立處，立處即眞」。

聖人以般若智照見諸法無本，無一法可得，故「居方而方」不以方爲實有，「止圓而圓」也不以圓爲定常。可見聖人不執著「無爲」爲貴，也不以「有爲」爲常。「有爲」、「無爲」都只是應緣而現，緣離則滅，正如〈涅槃無名論〉說：「有餘（代表有爲）、無餘（代表無爲）者，良是出處之異號，應物之假名耳」。

小結：從玄學到《肇論》聖人觀的深化與開展

魏晉時代盛行老莊道家之學，但儒家經世濟民的聖人人格，依然爲士人所尊崇，因此調和儒道兩家的聖人論，就成了當時的一個重要論題。如果儒家聖人代表一種立憲製禮、奮發有爲的精神（有）；道家聖人代表清虛淡泊、自然無爲的心靈（無），那麼《老子》所提出的「無爲而無不爲」，就成了溝通儒家的「有爲」與道家的「無爲」的一道橋樑。

「無爲而無不爲」是從聖人的主體心靈所開展出來的境界，王弼、郭象、僧肇都注意到這一點，對聖人的主體心靈狀態多所致意。王弼以聖人的「神明」作爲「應物而無累於物」的根據，認爲聖人五情同於人而能應物，神明茂於人，能體悟沖虛無朕的道體（體沖和以通無），故能「應物（五情同故）而無累於物（神明茂故）」。聖人的「神明」，也是他得以「崇本息末」、「守母以存其子」的主體根據——「子」之得以存、「末」之得以息、得以舉，都是由於聖人能妙體自然之道，無爲無造，暢通萬物生蓄之源，使物各自完足。

僧肇認爲聖人不爲物累，是因爲聖人（佛）的神明特達，能了悟諸法緣會而有，緣散則無，法無自性，畢竟空寂，故能於一切法無所執著。聖人之救渡眾生，也只是應緣而現，緣離則滅。不以「有爲」爲常，也不以「無爲」爲尚，從無住本安立一切法，感應無方，故能「無爲而無所不爲」。

郭象雖然沒有明白使用「神明」一詞，但聖人之所以能夠「與物冥而循大變，爲能無待而常通」，進而達到跡冥圓融無礙的境界，完全在於聖人有一玄同彼我，與物冥而順物自然的心靈。聖人有此觀照的心靈，故能順「萬物萬化，亦與之萬化，化者無極，亦與之無極」，這樣就能達到無處不逍遙的境界。因爲聖心玄同彼我，物我冥合，故聖人無爲而讓萬物自爲自造，自我完

足；物各自為反過來又成就聖人的「無不為」，故聖人之「無不為」實由於「無為」，在此意義下，可以說「為即無為，無為即為」。

王弼、郭象、僧肇所說的聖人的「神明」或心靈，雖然所體證的真理內涵不同——王弼所說的聖人能體證虛無的道體，僧肇所說的聖人體證性空真理，郭象所說的聖人能玄同彼我，與物冥合。但就聖心的認知能力而言，都是能夠超越凡夫的認知能力的侷限——凡夫的認知只侷限於見聞之知，這屬於感觸直覺的認識系統。但《老子》虛無的道體，般若學的緣起性空，郭象玄同彼我的冥境，都不是感觸直覺的認知對象，它們都超越了我們主體先驗的認識範疇，故必須以直覺之智來觀照。

道家的「直覺之智」是透過「為道日損，損之又損，以至於無為」，或「致虛極，守靜篤」的工夫修養來呈露的，這點正好與佛教的修為工夫有相應之處，所以《肇論》多引用《老子》的話來說明佛教的修行，如〈涅槃無名論〉在論證「涅槃」的修證時就說：「書不云乎：為學者日益，為道者日損。為道者，為於無為者也。為於無為而日日損，此豈頓得之謂，要損之又損之，以致於無損耳」。由於佛道兩家的直覺之智都是透過虛、靜、損等修養工夫來呈露，而不是從道德自覺的「仁體」中發出，因此在聖人的理境上，有著某種程度的相應，此所以般若經在翻譯時，甚至在僧肇的論著中，有關聖人境界的描述，都大量借用老莊的文字的原因。

在王弼以「無」為本，以「有」為末的哲學體系中，他所理解的「無為而無不為」，是意謂聖人體悟道體的虛靜無為，順任自然，暢通萬物生蓄之源，使萬物各自完足。但是萬物之所以能夠自我完成，各自完足，實由於聖人不施為造作，不亂動手腳，在此可以說是「不為之為」。然而在實際的政治施為中，確有其不得不為之處，在這些地方，王弼有時也贊同創制立法，使法制齊明，尊卑有序，貴賤有等。但王弼學說中之聖人，與儒家傳統的聖人的區別在於：王弼學說中的聖人雖然表面上仍然可以像儒家聖人那樣開物成務，但是，卻畢竟要以「崇本息末」的方式會歸於道家式的清靜無為。這就是王弼調和儒道的思想脈絡——以為一切禮法制度的運作（末）均要本於自然無為的心靈。但是，這樣的思維方式，使他的學說成為了體用本末不能「一以貫之」之學，「以無為本」的形上進路，也使得聖人開物成務的能動性大受限制。

調和儒道是魏晉思想家所要面對的時代問題，而要調和儒道兩家的衝

突，首先必須面對的問題是：要站在儒家的立場融攝道家，還是站在道家的立場融合儒家呢？王弼採取了名教（代表儒家）出於自然（代表道家）的方法來溝通儒道兩家的衝突。此方法最大的弱點是本末體用不一，因此雖然透過聖人無爲而任物自爲和「崇本息末」的轉折，開出「無爲而無不爲」的境界，但是，在學說上仍然存在著一些內在的矛盾。

在溝通有爲無爲的問題上，本末有無的二分法既然存在著難以克服的困難，因此郭象在面對調和儒道的問題時，首先就得放棄本末體用的二分方式，而提出「有物之自生說」。「自生」即謂物之存在不須本體。在「自生說」的思想架構下，聖人泯滅人我彼此的封限與對待，玄同彼我，任物自生、自爲、自造。因爲聖人玄同彼我，故「彼」（物）之所爲即「我」之所爲。萬物無邊，所爲各異，無所不致，即「無不爲」。因爲萬物之「無不爲」即聖人之「無不爲」，但聖人的「無不爲」並非事必躬親，而只是在無爲的心靈觀照下，玄同彼我而達致，所以在此意義下，可以說「無爲即爲」。又「跡冥圓融」之說，使得聖人施爲創制不必受到「崇本」、「守母」的限制，而只要聖人內心無累，不失逍遙，即使是終日揮形，其心仍然可以無異於山林，這樣便大大地釋放了聖人開物成務的能動性。

郭象的「自生」說否定了萬物之上的超越的本體（無或道），若從「自生」說再轉出來，很自然會產生萬物「無本」的思想，這就呼應著般若學的諸法「無本」說了。諸法無本，故「無爲」「有爲」均非本。這樣，聖人不著「有爲」，不住「無爲」，故能於「有爲」「無爲」出入自如，所以《維摩詰經》說「從無住本，立一切法」。「有爲」「無爲」均統攝於聖人的一心之中，眾生與聖心感應，則救渡接應之，此之謂「有爲」；眾生不與聖心感應，則默然存之，不現起作爲，此之謂「無爲」，但「無爲」並非「有爲」之本，所以〈涅槃無名論〉說：「有餘（即有爲）無餘（即無爲）者，良是出處之異號，應物之假名耳」。此處「出」是指機感而應，現身說法，救渡眾生；此處的「處」指緣畢而隱，復歸於無爲。因此爲與無爲只是應物之假名，實則均統攝於聖心之中。若就聖心而言，根本亦無分「有爲」（用）「無爲」（寂），而是「用即寂，寂即用，用寂體一」（〈般若無知論〉）的。不但用寂體一，而且聖心也超越了一切有爲無爲的動靜之相，所以〈般若無知論〉說：「經稱聖人無爲而無所不爲。無爲故雖動而常寂。無所不爲，故雖寂而常動。……故逾寂逾動。所以爲即無爲，無爲即爲，動寂雖殊，而莫之可異也。……所以應化無方，

未嘗有爲，寂然不動，未嘗不爲。……心彌虛，行彌廣，終日行，不乖於無行者也」。因爲「有爲」「無爲」均非本，而完全統攝於聖心之中，而聖心又是超越一切「有爲」「無爲」、用寂、動靜的超越主體，在此主體的朗照下，即用即寂，即動即靜，即有爲即無爲，故能直接朗現「無爲而無不爲」的聖人境界。

以生生不息的「仁體」發而爲立憲製禮、開物成務的「仁用」，這是儒家本末體用「一以貫之」之學。以禮法名教本從自然無爲的心靈流出，這就犯了本末體用不一的毛病。因此在道家哲學盛行的魏晉時代，一方面要秉持自然無爲的思想，另一面又要保住名教的合理地位，就只好朝放棄本末體用的思考方向發展，郭象「自生」說開其端，而般若學「從無住本，安立一切法」則是此一進路的完善表現。可見般若學雖然並非我國固有的思想，但其討論的問題，不但有與玄學相應之處，就調和「有爲」「無爲」的這點上，也可說是接續玄學一直討論不休的問題，提出一套自成體系的學說思想，爲調和儒道的矛盾衝突提供了新的思考方向。

此外，值得注意者，是僧肇乃從聖人「般若」智的感應上說用寂體一的「無爲而無不爲」的理境，故「爲」與「無爲」都只是在聖人的主體上說。郭象雖然已談及聖人的「隨感而應，應隨其時」，若順此說發展，本亦可以從感應上說聖人「無爲而無不爲」的境界。但郭象卻並沒有往這一方面發展，而是從「上之無爲則用下，下之無爲則自用」上說。由此可知，郭象心目中的聖人仍然是能溝通內聖外王的聖王；而僧肇所說的聖人則可以不關涉實際的政治運作，而純爲一感應無方的宗教上的聖人。此則爲玄學與佛學聖人觀之大別。

第三章　從玄學到《肇論》有無觀的深化與開展

第一節　玄學對有無問題的探討

一、王弼以無為本說

　　《老》學玄言，於東漢末年已漸為學士文人企慕，〔註1〕但談玄者，東漢與魏晉固有不同，東漢末年乃屬宇宙論的思想，如《周易乾鑿度》說：

> 夫有形者生於無形，則乾坤安從生？故曰：有太易，有太初，有太始，有太素。太易者，未見氣。太初者，氣之始。太始者，形之始。太素者，質之始也。氣形質具而未相離，故曰渾淪，言萬物相渾淪而未相離。〔註2〕

由未見氣之太易至氣之始的太初，到最後有形有質，由無形而有形，由抽象而具體，這完全是宇宙生成論的描述。但是「（魏晉之玄學）已不復拘拘於宇宙運行之外用，進而論天地萬物之本體。漢代寓天道于物理。魏晉黜天道而究本體，以寡御眾，而歸于玄極（王弼《易略例‧明象章》）；忘象得意，而游于物外（《易略例‧明象章》）。於是脫離漢代宇宙之論而留連於存存本本之真」。〔註3〕

〔註1〕　參閱張蓓蓓：《東漢士風及其轉變》（國立台灣大學文史叢刊第七十一號）。

〔註2〕　漢‧鄭玄注：《周易乾鑿度》（文淵閣四庫全書第五十三冊，商務印書館影印本），頁874。

〔註3〕　湯用彤：《魏晉玄學論稿》，收於《魏晉思想》乙編三種（臺北，里仁書局，1984年），頁48。

　　魏晉玄學托始於《老子》，而《老子》一書所言之「道」，其始未嘗沒有就宇宙生成論而提出，〔註4〕但是在正始時期的玄學家何晏、王弼雖然祖述老莊，但是對於宇宙問題卻已經從本體論的角度立言，而甚少涉及宇宙生成論的問題，如《晉書・王衍傳》說：

> 何晏、王弼等祖述老莊，立論以為天地萬物皆以無為本。無也者，開物成務，無往不成者也。陰陽恃以化生，萬物恃以成形，賢者恃以成德，不肖恃以免身。故無之為用，無爵為貴矣。〔註5〕

可見何晏、王弼均持「天地萬物皆以無為本」的主張。把《老子》中的宇宙論問題轉化成本體論問題，這種轉化在王弼《老子注》中仍有線索可尋：

> 《老子》四十二章　道生一，一生二，二生三，三生萬物。
>
> 王弼注：萬物萬形，其歸一也。何由致一？由於無也。由無乃一，一可無言（原作謂無）？已謂之一，豈得無言乎？有言有一，非二如何？有一有二遂生乎三。從無之有，數盡乎斯，過此以往，非道之流。〔註6〕

在《老子》來說，「一」、「二」、「三」是由「道」到萬物的生成過程。但在王弼，萬物萬形所歸的，就是「無」，而「一」、「二」、「三」已不再是宇宙生成的過程，而約化為與「無」相對的形下之言說。

　　「以無為本」的思想實貫串在王弼整本《老子注》中，如四十章注說：

> 天下之物，皆以有為生。有之所始，以無為本。〔註7〕

三十八章註又說：

> 萬物雖貴，以無為用，不能捨無以為體也。〔註8〕

王弼以「無」為萬物之本體，他又說「道者，無之稱也」，則他所說的「無」，實即是《老子》的「道」，因此在王弼的思想體系中，「無」即是「道」，他之所以以「無」表詮「道」，是為了突顯「道」的無性——無形無名，不可致詰，《老子》第一章注說：

> 凡有皆始於無，故未形無名之時，則為萬物之始。及其有形有名之

〔註4〕　《老子》四十二章說：「道生一，一生二，二生三，三生萬物」討論的是宇宙萬物如何生成的問題。

〔註5〕　《晉書・王衍傳》。

〔註6〕　樓宇烈：《王弼集校釋》（臺北，華正書局，民國81年），頁117。

〔註7〕　同前註，頁110。

〔註8〕　同前註，頁94

時，則長之、育之、亭之、毒之，爲其母也。言道以無形無名始成
萬物，〔萬物〕以始以成而不知其所以〔然〕，玄之又玄也。〔註9〕

王弼以「無」稱道，非謂道是虛無，乃是以道「無形無名」而言。凡名皆起
於對象之指涉，所謂「名以定形」，〔註10〕而形必有其限定，例如三角形就不
是圓形，圓形就不是方形，名即是爲了區分不同的形（對象）而產生。我們
稱謂一對象，必有如此稱謂之理由，如稱一幾何圖形爲「三角形」，必因此幾
何圖形之三角之和爲九十度，這是三角形與圓形、方形之分際，若其三角之
和大於或小於九十度，均不能稱爲「三角形」。此即所謂「名必有所分，稱必
有所由」。〔註11〕然而，「道」非一物，它是「無狀之狀，無物之象」的，因
此也不可以名來規限。既然不可以名、象來限定，因此王弼乾脆直接以「無」
來稱謂「道」，如《論語釋疑》說：「道者，無之稱也，無不通也，無不由也。
況之曰道，寂然無體，不可爲象」。〔註12〕

「道」雖然是「無形無名」，而萬物均須依存「道」，才能「以始以成」。
「以始」就是「凡有皆始於無，故未形無名之時，則爲萬物之始」，也就是實
現物的存在。〔註13〕「以成」就是透過「長之、育之、亭之、毒之、」而使
物充分地成爲如此之存在，所以三十九章注「昔之得一者，天得一以清，地
得一以寧，神得一以靈，谷得一以盈，萬物得一以生，侯王得一以爲天下貞。
其致之」說：「物皆各得此一以成，既成而舍一以居成，居成則失其母，故皆
裂、發、歇、竭、滅、蹶也。各以其一，致此清、寧、靈、盈、生、貞」。〔註
14〕此處之「一」就是「道」，就是「無」，萬物皆以得「道」而圓滿本身之存
在，若物自居其成而失其母，即是放棄自身充分實現的本源，而將致崩潰，
所以說「清不能爲清，盈不能爲盈，皆有其母，以存其形」。〔註15〕因此「在

〔註9〕 同前註，頁1。
〔註10〕 同前註，頁63。
〔註11〕 同前註，頁196。
〔註12〕 王弼《論語釋疑・述而篇》，同前註，頁624。
〔註13〕 牟宗生先生《才性與玄理》認爲「道」是「實現原理」，但此「實現原理」只
　　　　是消極的表示，他說：「此亦是『道生』之消極表示。……而沖虛玄德只是一
　　　　種境界。故道之實現性只是境界形態之實現性，其爲實現原理亦只是境界形
　　　　態之實現原理。非實有形態之實現原理也」，（臺北，學生書局，1993年第八
　　　　版），頁162。
〔註14〕 同註6，頁105。
〔註15〕 同前註，頁106。

首則謂之始，在終則謂之母」〔註16〕就是指「道」在萬物未形無名之時，則始成萬物；及萬物有形有名時，則又終成萬物之存在價值。

萬物爲何必須以「無」（道）爲本體？王弼以爲現實世界的事物紛然雜陳，是非、美醜、長短、高下等相對的現象並存，而且事物一旦以具體的樣態存在，就有了限定、分際，譬如說：溫的就不可能是涼的，宮就不可能是商，有的就不可能是無的，只有這超越的「無」，既不是溫，也不是涼，既不是宮，也不是商，既不是有，也不是無，它超越了一切相對的事物，因此它有無限的可能性，〔註17〕所以說：「無形無名者，萬物之宗也」，〔註18〕又說「喜怒同根，是非同門」。〔註19〕也就是說一切相對的事物，都以「無」爲根本。又認爲「天下之物，皆以有爲生。有之所始，以無爲本」，〔註20〕即天下萬物以「有」的樣態存在，其依存的本體就是「無」。

相對於作爲萬物之本體的「無」，則萬物就是末，末離開本體就喪失其存在的本源，因此天地萬物必須得「一」（一即無）才能使自身的價值得到圓滿。所以萬物是以「有」的樣態存在，「有」已經落入形而下的層次，已經有所封限而不可能是無限制之存在，因此「有」不能是自己的本體，「無」才是「有」所依存的本體。由此可見王弼有崇本貴無的傾向。

王弼崇本貴無的玄學思想，不僅對魏晉玄學產生了重大的影響，即使是僧肇以前的般若學家（六家七宗），他們對於般若學的理解，也是深受玄學貴無派的影響（詳下節）。

二、郭象的自生說

王弼以「無」爲本，以「有」爲末的思想架構，雖然並未割裂本末、有無的關連，但是相對於萬有而建立一形上的本體，基本上是一種二分法的運用，而且在理論架構上又偏重於本體的「無」，認爲萬物均須依存於「無」而

〔註16〕同前註，頁2。
〔註17〕王弼〈老子指略〉：「不溫不涼，不宮不商。聽之不可得而聞，視之不可得而彰，體之不可得而知，味之不可得而嘗。故其爲物也則混成，爲象也則無形，爲音也則希聲，爲味也則無呈。故能爲品物之宗主，苞通天地，靡使不經也」。同前註，頁19。
〔註18〕同註6，頁32。
〔註19〕同前註，頁6。
〔註20〕同前註，頁110。

存在。反映在名教與自然之辨上，則主張「崇本息末」，〔註21〕以爲「任名以號物，則失治之母」。〔註22〕當然，王弼並不是要棄絕名教，而是透過對本體的把握來發揮名教的眞實作用，以少私寡欲、見素抱樸來淳化民風，達到政治清明的目的。〔註23〕這就是王弼名教出於自然的思想。

　　王弼雖然以爲名教出於自然，然而就其二分的思想架構來說，名教、自然畢竟已經有了本末輕重之分，而不再渾然一體。至嵇康遂有「越名教而任自然」之論，竹林七賢甚至無視名教，飲酒放達。探本溯源，未嘗不是始於何、王使名教、自然二分，而又偏重本體之「無」所致。所以范寧批評何、王說：

> 王、何蔑棄典文，不遵禮度，……遂令仁義幽淪，儒雅蒙塵，禮壞樂崩，中原傾覆。古之所謂言僞而辯，行僻而堅者，若斯人之徒歟！
>
> 〔註24〕

范氏謂何、王蔑棄典文，不遵禮度，導致禮壞樂崩，則似嫌過當。然謂分裂有無本末之端倪，則在何、王確已顯露，故造成名教與自然之割裂、貴無而賤有的局面，則何、王亦不免受人咎病。裴頠作〈崇有論〉的目的，就在於糾正當時的放任之風。〔註25〕而從形上層次調和本末、有無之對立者，則由郭象完成。

　　本末、有無二分的結果，導致自然、名教的割裂，因此要調和自然與名教之爭的根本做法，就是取消本末、有無的二分，所以郭象放棄了「有生於無」的思維方向，而提出獨化自生的學說：

> 若責其所待而尋其所由，則尋責無極，卒至於無待，而獨化之理明矣。
>
> 世或謂罔兩待景，景待形，形待造物者。請問：夫造物者，有耶？

〔註21〕王弼〈老子指略〉：「老子之書，其幾乎可一言而蔽之。噫！崇本息末而已矣」，同前註，頁198。

〔註22〕同前註，頁82。

〔註23〕王弼〈老子指略〉：「竭聖智以治巧僞，未若見質素以靜民欲；興仁義以敦薄俗，未若抱樸以全篤實；多巧利以興事用，未若寡私欲以息華競。故絕司察，潛聰明，去勸進，剪華譽，棄巧用，賤寶貨。唯在使民愛欲不生，不在攻其爲邪也」，同註21。

〔註24〕《晉書・范汪傳》，（臺北，鼎文書局，民國76年五版）

〔註25〕《晉書・裴頠傳》：「頠深患時俗放蕩，不尊儒術，何晏、阮籍素有高名於世，口談浮虛，不尊禮法，尸祿耽寵，仕不事事；至王衍之徒，聲譽太盛，位高勢重，不以物務自嬰，遂相放效，風教陵遲，乃著崇有之論以釋其蔽」。

> 無耶？無也，則胡能造物哉？有也，則不足以物眾形。故明眾形之
> 自物而後始可與言造物耳。是以涉有物之域，雖復罔兩，未有不獨
> 化於玄冥者也。故造物者無主，而物各自造，物各自造而無所待焉，
> 此天地之正也。〔註26〕

如果要追尋事物存在的依據，必會造成無窮的追尋，這樣必將以一造物者作
為存在的最後依據，如罔（影外微影）依影而存在，景依形而存在，那麼形
又依甚麼存在呢？如此層層追問，必須以一「造物者」作為萬物存在的最後
根據。但是如果承認有一造物者，則下一個問題又產生了：造物者以何形態
存在？如果它是無的話，無不能生有，因此它不可能生出萬物；如果它是有
的話，「有」已經是現象的存在物了，現象物是不可能成為其他現象物的存在
依據的。郭象從正反兩方面的論證，把現象背後的本體去掉，認為物的存在
是自然、自爾、自生、自造：

> 然則生生者誰哉？塊然而自生耳。自生耳，非我生也。我既不能生
> 物，物亦不能生我，則我自然矣。自己而然，則謂之天然。天然耳，
> 非為也，故以天言之。〔註27〕

「塊然而自生」就是指物之自生獨化，不但無主宰性的造物主，也非出於物
之造作紜為，故曰「天然耳，非為也」，「非為」即含「無為」義。〔註28〕郭
象在〈秋水注〉中說：

> 物之生也，非知生而生也；則生之行也，豈知行而行哉？故足不知
> 所以行，目不知所以見，心不知所以知，免然而自得矣。遲速之節，
> 聰明之鑒，或能或否，皆非我也。而惑者因欲有其身而矜其能，所
> 以逆其天機而傷其神器也。〔註29〕

遲速、能否皆非出於「我」之使然，乃是天機自發，天機者，就是自然，自
己而然，不知所以然而然。〔註30〕既然萬物之存在乃自然而然，於此，郭象
認為我們應安於無言，〔註31〕各反所宗於體內，直接體認存在的價值，而不

〔註26〕郭象《莊子注》，見郭慶藩《莊子集釋》，頁 111。
〔註27〕同前註，頁 50。
〔註28〕戴璉璋先生〈郭象的自生說與玄冥論〉，《中國文哲研究集刊》第七期（1995
　　　 年 9 月）頁 53。
〔註29〕同註 26，頁 593。
〔註30〕郭象〈齊物論注〉：「物各自然，不知所以然而然」，同前註，頁 55。
〔註31〕郭象〈知北遊注〉：「道在自然，非可言致者也」。又：「明夫自然者，非言知
　　　 之所得，故當昧乎無言之地。」同前註，頁 731、734。

必在萬物之背後找尋一存在的根源。

　　郭象的努力，在於化掉王弼所建構的本體的「無」，認為萬物的存在不需要由本體來支撐，因此萬物成了無本體的存在，或者說，萬物自身就是存在的本體，許抗生在其《魏晉思想史》中，便說：「以郭象為代表的玄學崇有派，他們既反對無中生有說，亦反對有必以無為體說，他們主張有之自生說，以為『有』是獨立自存的存在物，不需要有一個『無』作為自己的本體，因此以為『有』是以自己的存在為本體的，或者說『有』是無體的」。〔註32〕不過，所謂萬物以自身為本體，應該指萬物是以天賦的性分為其存在的根據。〔註33〕

　　以本末體用架構來說，王弼主張末出於本；郭象在消解了形上本體的概念之後，萬物莫不是即本即末。如果就自然與名教的關係來說，王弼的主張是名教出於自然；郭象因為放棄了本末二分的方向，即本即末，是以即名教即自然。郭象這種取消二分法的思維模式，在僧肇的〈不真空論〉中，有了更深度的開展（詳見本章第三節）。

第二節　僧肇之前的般若學說

　　魏晉玄學乃本體之學，不管是何晏、王弼的貴無，還是郭象的自生說，他們環繞的中心論題，依然是本末有無的問題。有無之辨在魏晉時代盛行一時，佛教般若學的討論，也深受影響，所以湯用彤先生說：「『六家七宗，爰延十二』，其所立論樞紐，均不出本末有無之辯」。〔註34〕

　　關於六家七宗的說法，首見於陳朝小招提寺慧達法師作〈肇論序〉：「自古自今著文著筆，詳汰名賢所作諸論，或六家七宗，爰延十二」。〔註35〕但慧達〈肇論序〉並沒有進一步列舉六家七宗的具體名目。元康《肇論疏》解釋此段時標出六家七宗的名稱，分別是：

> 「或六家七宗，爰延十二者」，江南本皆云六宗七宗。今尋記傳，是
> 六家七宗也。梁朝釋寶唱作續法論一百六十卷云：宋莊嚴寺釋曇濟，
> 作六家七宗論。論有六家，分成七宗。第一本無宗。第二本無異宗。

〔註32〕許抗生：《魏晉思想史》，頁5。
〔註33〕同註28。
〔註34〕湯用彤：《理學‧佛學‧玄學》（臺北，淑馨出版社，1992年），頁217。
〔註35〕陳‧慧達〈肇論序〉，大正四十五冊，No.1858，P150b。

第三即色宗。第四識含宗。第五幻化宗。第六心無宗。第七緣會宗。

本有六家，第一家分爲二宗，故成七宗也。〔註36〕

可見當時般若學家有六家七宗之多，但僧肇所破，則只有心無宗、即色宗、本無宗三家。本文以僧肇思想之研究爲主，因此只討論〈不眞空論〉所破三家，其餘四家則有待日後之研究。

一、心無宗

據文獻所載，執心無義者，有竺法蘊、支愍度、道恆等人，實則以支愍度最早創立此說。〔註37〕《世說新語‧假譎》記載支愍度始唱心無義的情形：

愍度道人始欲過江，與一傖道人爲侶。謀曰：「用舊義往江東，恐不辨得食。」便共立心無義。既而此道人不成渡，愍度果講義積年。後有傖人來，先道人寄語云：「爲我致意愍度，無義那可立。治此計權救饑爾，無爲遂負如來也。」〔註38〕

梁‧慧皎《高僧傳》卷五〈竺法汰傳〉又云：

時沙門道恆，頗有才力，常執心無義，大行荊土。汰曰：「止是邪說，應須破之。」乃大集名僧，令弟子曇壹難之，據經引理，析駁紛紜。恆拔其口辯，不肯受屈，日色既暮，明旦更集。慧遠就席攻難數番，問責鋒起。恆自覺義途差異，神色微重，塵尾扣案，未即有答。遠曰：「不疾而速，杼柚何爲。」坐者皆笑，心無之義，於此而息。〔註39〕

可見心無義最早提出的動機只是僧侶爲了謀生的權宜之說，目的是迎合江東的學術風潮。及道恆時，心無義果然大行荊土。〔註40〕心無義的創立既然是爲了救饑，愍度及傖道人均自知不合般若空義，故引起法汰、慧遠等大師的破斥。今僧肇亦破之云：

〔註36〕唐‧元康《肇論疏》，大正四十五冊，No.1859，P163a。

〔註37〕陳寅恪：〈支愍度學說考〉，見《陳寅恪先生論集》（中央研究院歷史語言研究所特刊之三，民國60年5月出版）。

〔註38〕梁‧劉孝標《世說新語注》，見余嘉錫：《世說新語箋疏》（臺北，華正書局，1993年），頁859。

〔註39〕梁‧慧皎：《高僧傳》，大正五十冊，No.2059，P354c。

〔註40〕據陳寅恪先生的考證，支愍度過江當在晉成帝咸和年間（西元三三〇年前後）。慧遠與道恆辨論心無義，當在晉穆帝永和十一年前後（西元三五五年），此中相融二三十年左右。同註37。

心無者，無心於萬物，萬物未嘗無。〔註41〕

元康《肇論疏》釋此云：

無心萬物，萬物未嘗無。謂經中言空者，但於物上不起執心。故言
其空。然物是有不曾無也。〔註42〕

般若學諸家的紛歧皆在於解釋《般若經》非有非無之「空」義。依心無宗所
言，「非有」是指心不執著外境，無心於萬物，故言其空。但心不於外境起執，
並不等於外境空，因此說物是有，不曾無，故言非無。劉孝標《世說新語·
假譎》注記載心無義說：

舊義者曰：種智是有，而能圓照。然則萬累斯盡，謂之空無；常住
不變，謂之妙有。而無（疑「新」字之誤）義者曰：種智之體，豁
如太虛。虛而能知，無而能應，居宗至極，其唯無乎。〔註43〕

主體的心在擺落一切外在事物的牽絆時，所呈顯的就是一虛豁如太虛的心
體。新義對於此般若心體的描述，與《莊子》「聖人之用心若鏡，不將不迎，
應而不藏」的描述極其相似，〔註44〕若與王弼《老子注》作一比較，也不難
發現彼此旨趣的符應。〔註45〕這或許正是支愍度捨舊義而用新義之原因——
以此迎合玄學風尚，權計救飢。所以呂澂先生說：「以支敏度為代表的心無宗，
以為具有這種看法就是般若性空的空觀。其實這也並不是什麼新說，他只是
把般若智慧（佛智）與玄學搞在一起，運用了玄學的『至人之心』的說法」。
〔註46〕

心無宗的說法，著重主觀心體的無執，而不能瞭知諸法當體即空的般若
空義，所以僧肇批評說：

此得在神靜，失在於物虛。〔註47〕

元康疏云：

此得在於神靜，失在於物虛者，正破也。能於法上無執，故名為得。

〔註41〕僧肇〈不真空論〉，大正四十五冊，No.1858，P152a。
〔註42〕同註36，頁172a。
〔註43〕同註38。
〔註44〕《莊子·應帝王》，見郭慶藩《莊子集釋》，頁307。
〔註45〕王弼注《老子》第五章：「橐籥之中空洞無情無為，故虛而不得窮屈，動而不
可竭盡也。」故陳寅恪先生認為心無新義與《老子注》之旨相符合，而非般
若空宗之義。參陳寅恪先生〈支愍度學說考〉一文，同註37。
〔註46〕呂澂：《中國佛學思想概論》（臺北，天華出版社，1991年），頁55。
〔註47〕同註41。

不知物性是空，故名爲失也。〔註48〕

按中觀思想，萬物皆是緣起性空。依俗諦說，萬物是有，故云「非無」；依眞諦說，萬物皆是緣起無自性空，故曰「非有」。因此萬物可以說當體即空，非有非無。所以僧肇認爲不於萬物起執，在主體的修爲上是對的，這是心無宗正確的地方。但是他不知道萬物當體空寂，而說「物是有，不曾無」，則是不瞭解般若空的深義。

心無義雖然不能如實了知般若深義，但在玄學與般若學的交涉上，卻有重要的意義，他一方面反映了我國初期對般若學的認識深受玄學的影響；另一方面也說明了玄學與般若學的確有其暗合相通之處，呂澂先生說：「『心無』說表面上似乎無人講過，事實上，它正是從玄學的至人無己，『無己故順物』（郭象《莊子注》）脫胎出來的。就是『無心』一詞，也是郭象《逍遙遊》注中講過的。郭象的無心是無成見，即是無我，當然也是空」。〔註49〕此所以般若學能在魏晉興起，並繼玄學思潮之後再度掀起談論高峰的原因之一。

二、即色宗

即色宗的代表人物是支道林，他是當時的名僧，與名士過從甚密，時人認爲他的逍遙義超過郭象而名噪一時。〔註50〕他著有《即色游玄論》、《釋即色本無義》等解釋般若空觀的作品，但這些著作均已佚失。因此現在只能透過當時及後世作品的稱引來瞭解他的學說。僧肇〈不眞空論〉說：

即色者，明色不自色，故雖色而非色也。夫言色者，但當色即色，

豈待色色而後爲色哉。此直語色不自色，未領色之非色也。〔註51〕

元康《肇論疏》謂此段不見於支道林之《即色游玄論》，而見於《支道林集》中之〈妙觀章〉，其言曰：「夫色之性也，不自有色，色不自色，雖色而空」，〔註52〕元康認爲這是僧肇所說即色義之所本。

〔註48〕 同註 36。

〔註49〕 同註 46，頁 56。

〔註50〕 《世說新語·文學》第三十二條：「莊子逍遙篇，舊是難處，諸名賢所可鑽味，而不能拔理於郭、向之外。……支卓然標新理於二家之表，立異義於眾賢之外，皆是諸名賢尋味之所不得。後遂用支理。」第三十六條劉孝標注說：「法師……尋莊周，則辯聖人之逍遙。當時名勝，咸味其音旨。」可見支道林在玄學界聲名之隆。

〔註51〕 同註 41。

〔註52〕 同註 36，P171c。

　　支道林即色義是要說明般若經「色即是空」的義蘊。他認爲色之性不能自己生起，因此雖然有色的現象，但卻不能認爲它是定色。依支道林的看法，能自己生起的，才是定色，待緣然後生起的，就不能稱爲定色（非色）。色既然是非定色，所以說「色即是空」。但是，支道林認爲色所待之緣，究竟是怎樣的緣？歷代注家有不同的兩種意見：

　　一、元康、遵式等認爲麤色緣細色、或果色緣緣色而成，元康《肇論疏》云：

　　　　若當色自是色，可名有色。若待緣色成果色者，是則色非定色也。亦可云若待細色成麤色，是則色非定色也。……此林法師但知言色非自色因緣而成，而不知色本是空，猶存假有也。〔註53〕

遵式《注肇論疏》承元康之說而言：

　　　　色不自色者，彼明色法須待緣成，不是自有之色。雖有緣成之色，色非實有，故空。故云雖色而非色。彼欲明佛教說色即空，即事顯理也。……緣色果色皆是色也，豈待緣色合會成果色，然後方爲色耶？……但說果色不自色，達果色空，未領解緣色亦空也。〔註54〕

如果按照元康、遵式的疏解，則支道林乃認爲果色要待緣色的和合才能生起，譬如說，一本書，它是由一頁一頁紙裝訂而成，因此，每一頁是這本書的構成單位，即書所待的「緣色」。相對於每一頁而言，書是「果色」，離開了一頁一頁的紙，就沒有書的存在，因此，書並沒有實體性，故言非定色（非色）。但一頁一頁的紙（緣色）卻是實在的。所以僧肇批評即色義，只知色不能自己生起，不領會色之本性空寂。換言之，支道林承認書無實體性，卻保留了每一頁的實體性，未能了達每一頁也是無實體性的，此所以遵式批評說：「達果色空，未領解緣色亦空也」。

　　二、文才、憨山與元康、遵式等持不同的看法，文才《肇論新疏》說：

　　　　即色者，明色不自色，故雖色而非色也。……彼謂青黃等相非色自能，人名爲青黃等，心若不計，青黃等皆空。以釋經中色即是空。夫言色者，但當色即色，豈待色（計也）色而後爲色哉。齊此論主破辭。……謂凡是質礙之色，緣會而生者，心雖不計，亦色法也，……豈待人心計彼謂青黃等，然後作青等色耶？以青黃亦緣生故。〔註55〕

〔註53〕同前註。

〔註54〕遵式：《注肇論疏》，《卍續藏》九十六冊，頁119。

〔註55〕文才：《肇論新疏》，大正四十五冊，No.1860，P209a。

憨山大師《肇論略疏》也隨順文才之說，云：

> 夫凡言色者，但當在色本就是色，豈待人名彼青黃，然後為色哉！
>
> 直下言得失，此但言色不自色而已，未了色體本空也。〔註56〕

如果按文才、憨山之說，則色所待的緣，與元康、遵式所說的不同。元康、遵式認為果色待緣色。文才、憨山認為色所待之緣是主體的計執心。也就是說外境的色待主體的心的計執才能現起，若無計執的心，則外境即空。若順此說，僧肇對此家的批評就變成是：支道林只知色有待於主體的計執才能生起，而不知道色的本性空寂。

案：兩派意見的不同，是因為在理解僧肇原文上有兩點差異：一、元康、遵式認為「夫言色者，但當色即色，豈待色色而後為色哉」一句乃是支道林語，而文才、憨山則認為是僧肇語。二、對於「豈待色色而後為色哉」一句的理解不同，而其中的關鍵又在「色色」一詞的訓解不同。元康、遵式都沒有嚴格的訓解，只說：「待緣色成果色者，是則色非定色」，依其文意，似把「色色」解作緣色、果色，這樣，兩色字都作名詞使用。文才、憨山則訓第一個色字為「計」，第二個色字為色，這樣，第一個色字作動詞使用，第二個色字作名詞使用。

文才、憨山認為「色」是因為主體之計執而產生，這應該是以唯識的思想來疏解即色的宗義。而唯識思想在唐玄奘時才比較有系統、有規模地傳入我國，如此，則似當以元康、遵式的解釋較接近支道林的即色義。但是，我們查《莊子》中已有「道行之而成，物謂之而然」〔註57〕的說法，以支道林之善解《莊子》，則他的即色說很可能是受《莊子》的啟發。

再就我國古文文法考察：兩個名詞連用，第一個名詞均作動詞使用，第二個名詞才作名詞使用，如「物物而不物於物」一句，即是這種文法的運用。反觀凡是採用元康說法的，在解釋「豈待色色而後色哉」一句時，都發生困難。而文才、憨山之訓解則較合乎古文法。

基於以上的理由，筆者認為文才、憨山之說在形式上，可能比較接近即色宗的意思。近代佛教學者呂澂在理解即色宗時也有取此一說法，呂氏說：「（支道林認為）認識上的色，是名想（概念的色）不是色自己構成的，所

〔註56〕釋德清：《肇論略疏》，《卍續藏》九十六冊，頁296。

〔註57〕《莊子·齊物論》，見郭慶藩《莊子集釋》，頁69。

以本身並非色；非色，也就是空」。〔註58〕可見呂氏也是認爲色所待的緣是
指主體的認識心。果眞如此，則支道林的即色義，恐怕也是受到《莊子》思
想影響而成，而與文才、憨山所採取的唯識學的詮釋，則又尚有一些距離。

三、本無宗

「本無」一詞是「眞如」的舊譯，〔註59〕意指諸法空性，〔註60〕因此，
兩晉般若學者講般若性空，都涉及「本無」，但本無宗的「本無」，是指該宗
的特殊學說，而不是一般的「本無」義。

本無宗的代表人物，慧達說是道安及慧遠；而元康則認爲是竺法汰。又
據吉藏《中觀論疏》，本無家分兩宗，一爲道安的本無宗，一爲琛法師所立之
本無異宗。道安的本無義，慧達《肇論疏》引述說：

> 第三解本無者，彌天釋道安法師本無論云：明本無者，秤如來興世，
> 以本無弘教，故方等深經，皆云五陰本無，本無之論，由來尚矣。
> 須得彼義，爲是本無。明如來興世，只以本無化物，若能苟解本無，
> 即異想（原文作思異）息矣。但不能悟諸法本來是無，所以名本無
> 爲眞，末有爲俗耳。〔註61〕

道安所說的「本無」可分兩層說，一指諸法本性空寂；一指空觀，即透過諸
法性空的禪觀，而契入法性至常至靜之境，因此湯用彤先生說道安常靜之談，
有會於當時之玄學。但道安之本無說，與僧肇批評之「情尙於無，多觸言以
賓無」的本無說似有不同，所以吉藏說僧肇所破者，只是本無異宗，不是道
安的本無宗。至於本無異宗，《中觀論疏》引琛法師言曰：

> 本無者，未有色法，先有於無，故從無出有，即無在有先，有在無
> 後，故稱本無。〔註62〕

〔註58〕呂澂：《中國佛學思想概論》，頁57。
〔註59〕漢末・支讖譯《道行般若經》第十四品名曰〈本無品〉。後秦・鳩摩羅什重譯
　　　　爲《小品摩訶般若波羅蜜經》，第十五品名爲〈大如品〉。宋・施護譯《佛因
　　　　出三藏般若波羅蜜多經》之第十六品則稱爲〈眞如品〉。其實「本無」、「大如」、
　　　　「眞如」都是梵文「tathata」一詞的異譯。
〔註60〕呂澂：《中國佛學思想概論》說：「『如性』這一概念，當初譯爲『本無』。……
　　　　所謂『如性』即『如實在那樣』，……所以『如性』也就是『空性』，……所
　　　　以佛家進一步把這一概念叫作『自性空』，『當體空』。」頁3～4。
〔註61〕慧達《肇論疏》，《卍續藏》一五〇冊，頁429。
〔註62〕吉藏《中觀論疏》，大正四十二冊，No.1824，P29a。

又日本・安澄《中論疏記》引述本無異宗曰：

> 《二諦搜玄論》十三宗中，本無異宗，其製論曰：「夫無者，何也？
> 壑然無形，而萬物由之而生者也。有雖可生，而無能生萬物。故佛
> 答梵志，四大從空生也。」《山門玄義》第五卷〈二諦章〉下云：「復
> 有竺法深即云：『諸法本無，壑然無形，為第一義諦。所生萬物，名
> 為世諦。故佛答梵志，四大從空而生。』」〔註63〕

從上兩段引文，本無異宗以萬物皆生於無，又說四大從空生，因此他所說的
「本無」實即「本空」。此宗認為「空」乃「壑然無形」，而萬物皆由「空」
所生，「空」在存在上先於萬物，所以說「未有色法，先有於無」。而所謂無
在有先，有在無後，未必是時序上的先後，而是指存在上的根據，因此以壑
然無形之「空」為第一義諦，而依存於「空」而生起的萬物則稱為世諦。

僧肇對此宗批評道：

> 本無者，情尚於無，多觸言以賓無。故非有，有即無。非無，無亦
> 無。尋夫立文之本旨者，直以非有，非真有，非無，非真無耳。何
> 必非有無此有，非無，無彼無。此直好無之談，豈謂順通事實，即
> 物之情哉。〔註64〕

根據僧肇的批評，此宗所情尚之「無」，應指「空」而言，「空」是超越於有
無之「非有非無」。「非有」是無相對的有，「非無」是無相對的無，換言之，
此宗是以空（或稱無）來否定相對的有無，認為空才是萬物所由生的根本。
但般若經所說的「非有非無」，只是否定「真有」（定有）、「真無」（定無），
認為有無都是無自性空，並不是否定相對的有無。因此僧肇呵斥此宗不能順
通事實、不明物性本空。

　　此宗對般若經理趣的誤解，一方面受到經典翻譯問題的侷限，另一方面
也是受到玄學的約束。他們以空（無）為萬物所由的根本，以空為第一義諦，
萬物為世諦。此與王弼以無為本，以有為末的思維模式是一致的。因此本無
異宗所理解的空是作為萬物之本體而提出的，這不能不說是受到玄學貴無派
的影響。正因為這樣，僧肇站在般若學的立場批評說「情尚於無，多觸言以
賓無」。

〔註63〕日本・安澄《中論疏記》，大正六十五，No.2255，P23。

〔註64〕同註41。

第三節　〈不真空論〉的思想探討

一、思想淵源

因為〈不真空論〉的思想乃淵源於般若中觀學派，所以為了更確切地把握〈不真空論〉的思想，有必要對中觀思想先作瞭解，才能掌握〈不真空論〉的核心思想和討論的焦點。因此本節先探討說一切有部為代表的法體實有說，再看看中觀對有部的辯破，最後進入本論的討論。

（一）說一切有部為主的法體實有說

佛陀以「無我」教誡弟子，認為在組成我們的身心要素中，只有色、受、想、行、識等五蘊，色屬於我們身體的物質要素，受、想、行、識則構成我們的心理活動。但在這些要素中，都找不到主體的「我」，因此說「無我」。

說一切有部為了論證「無我」，於是把佛所說的法詳加分析，分為五類，《阿毘達磨品類足論》說：

> 有五法：一色、二心、三心所法、四心不相應行、五無為。〔註65〕

色法是有質礙性、有擴延性的物質存在。心法就是六識及受想行識等心理要素。心所法是相對於心法而說的對象。一切不在我們的認識狀態下的存在，稱為心不相應行法。無因緣造作，無生滅之法（如虛空）就是無為法。

說一切有部認為只持有一個本體與一個機能的東西才是究極的要素，如果有兩個本體與兩個機能組成的東西，只是和合體，並不是真正的存在。〔註66〕因此必須繼續分析，直到一個本體只有一個機能為止。這樣，說一切有部的論師又在五類中，繼續分析，得到六十七種自性有的法體，〔註67〕成為萬法的本體，呂澂先生《印度佛學思想概論》作了扼要的歸納：

> 一、在色法有四大種（地、水、火、風）和四大種所造色（眼、耳、
> 　　鼻、舌、身、色。聲、香、味、觸、無表色。）共計十五種；
> 二、心法六種，即六識；

〔註65〕《阿毗達磨品類足論》，大正二十六冊，No.1542，P692b。

〔註66〕參閱梶山雄一著，吳汝鈞譯：《佛教中觀哲學》（臺北，佛光出版社，1990年），頁22。

〔註67〕有部論師對法有不同的分類，如《俱舍論》分為五類七十五法；而世友的《品類足論》則分為五類六十七法，由於世友在有部有極高的地位，且時代比《俱舍論》和中觀學派更早，足以代表有部早期的意見，並顯示有部與中觀學派的互動。

三、心所法，去掉重複的，可歸結為二十七種；

四、不相應行法有十六種；

五、無為法三種。〔註68〕

說一切有部認為在這些分析所得的最後要素中，並無一法稱為「我」，可見我是無自性的，這樣就論證了佛陀所說的「無我」的教義。但他們執著分析所得的要素，認為是現象的基本，現象都由這些要素的聚合所造，並非真實的存在，但六十七法卻是實有的、有「自性」的本體。演培法師在《印度部派佛教思想觀》中說：「假有必須依於真實的。依於真實，才能構成前後的相續同時的和合相及相續相。雖假有法，無實自性。但在和合與相續的現象中，探求到內在不可分析的點，即成為實有自性了。如分析和合的色法，到最微細不可再分割的極微物質點，即為實有的自性，是組成粗顯色相的實質。又如分析心、心所法的精神，到最後不可再分割的單元，即成為實有的自性，是構成前後相續的精神實體。所以，他們認為要有實在的根本自性物，然後才有世間的一切假有現象。他們運用析假見實的方法，分析到不可再分的質素——心、物、非心非物——即是事物的實體，也就是自性，這自性為萬有的本元。……所以，諸法實有，為薩婆多部的根本見解」。〔註69〕因為現象只是假有，它們必須依自性實有的法體的和合才能現起，這就是說一切有部「假依實」的學說。

但有部所建立的六十七種法體，只是依概念的分割所得的結果，但是諸法的真際是否如此，他們卻不加理會，所以呂澂先生批評有部說：「把這些法的實在性僅僅看成是概念的東西，真實的實在倒無足輕重，概念的實在才是唯一的實在」。〔註70〕這樣便促成中觀學派的出現，以消解有部對本體的執著（法執）。

（二）中觀學派對法體實有說的消解

有部學者分析諸法，得出六十七種法體作為現象的本體，這些法體是恆存於過去、現在、未來的。舉例來說，正在燃燒的火，根據常識，我們認為火在未點燃之前無火的存在，熄滅以後也無火的存在。但是有部認為在火還未點燃之前與火已經熄滅之後，我們都可以生起火的概念，因此這「概念中的火」是「現象的火」的本體。現象的火是本體的火所生起的作用。有部這

〔註68〕呂澂：《印度佛學思想概論》（臺北，天華出版社，1982 年），頁 63。

〔註69〕演培：《印度部派佛教思想觀》（臺北，慧日講堂，1975 年），頁 147。

〔註70〕同註 68，頁 68。

種不符合事實真相的思想，當然不能被中觀學派所認同。龍樹所造《中論‧觀有無品》就是對有部這種本體學說的辯破。他依教證與理證兩方面來破斥。

（1）教證——佛陀曾說緣起法，龍樹《中論‧觀有無品》說：

　　眾緣中有性，是事則不然。性從眾緣出，卻名為作法。性若是作者，

　　云何有此義，性名為無作，不待異法成。〔註71〕

「性」或「自性」，是指諸法不生不滅的體性，是指向諸法的本體而言的。諸法本體，以有部的學說而言，就是「法體」。「法體」是獨立不變的，不需要依待其他條件而存在。緣起是佛陀的教誡，依照緣起的法則，任何存在都是從眾緣和合而生起，是受約制的東西，必須依和合的各條件而存在，本身並無獨立性。因此，有部法體實有、獨立不變的思想與緣起法則是根本違背的。

（2）理證——自性見不能解釋法的變異，龍樹《中論‧觀有無品》說：

　　若法實有性，後則不應無。性若有異相，是事終不然。若法實有性，

　　云何而可異，若法實無性，云何而可異。〔註72〕

諸法如果是實有自性的話，就應該有獨立自存、永恆不變的特性，例如火，作為六十七種法體之一，本身不是依因待緣而生起的假有，而是有獨立不變的特性，那麼，有自性的「火」，應該永遠燃燒而不應熄滅的，但是這顯然違背事實。若再就和合物觀察，有部法體實有的自性說，同樣是不能成立的：根據有部的學說，現象的存在物是法體的和合相，是沒有獨立性、永恆性的，所以只是假有。法體因為獨立自存、永恆不變，所以是自性有（真實的存在）。但是，我們要說由一一恆常不變的法體和合而成的現象，照理也應該是恆常不變的。可是事實告訴我們，現象世界是刻刻遷流，不稍暫停的。因此持自性實有說，不能解釋諸法變異的現象，所以龍樹說：「性若有異相，是事終不然」。執「法實有性」不能成立，執「法實無性」則更不可能。因為既然一切因果緣起都是定無，那就更不能談變異了。

　　龍樹對於自性實有說的破斥，目的只是否定在現象背後虛妄地建構一不變的本體，並不是否定現象的存在。相反的，他要肯定的正是宛然有的現象，印順法師對此有精闢的說明：「據龍樹的正見看，存在的有和現起的生，二者的範圍，到底是同一的。意思說：凡是存在的，就是現起的；沒有現起的存

〔註71〕《中論‧觀有無品》，大正三十冊，No.1564，P19c。

〔註72〕同前註，P20b。

在等於沒有。一般人以爲甲功能存在而沒有發現；其實，有甲功能存在，等於甲功能的現起。不能甲功能存在而沒有現起。他們的意境中，是近於因中有果，而不是直觀法法的當體，與法法的相依相成。中論的本義是現起即存在」。〔註73〕龍樹認爲執自性實有、實無說都不能成立，因此智者不應執著自性實有、實無的見解，這樣才不會落入常見或斷見的兩邊。

二、〈不眞空論〉的思想

（一）〈不真空論〉的旨趣

論及僧肇〈不眞空論〉的旨趣，大致有兩派不同的意見。一派以澄觀和憨山大師爲代表，認爲「不眞空」應讀作「不是眞空」，即是說諸法的眞際不是眞的空（此空指斷滅空），而是能生萬法的妙有之空。另一派以元康、遵式、文才爲代表，認爲「不眞空」應讀爲「不眞即空」。

到底那一派意見更接近僧肇的原意？我們很難遽下論斷，因此，讓我們先看看澄觀的說法，《大方廣佛華嚴經隨疏演義鈔》卷三十二說：

> 此中眞空非是前文對妙有之眞空。此中眞空是所破病人，謂眞諦一
> 向無物爲眞空義。是故肇公以不不之，云：不一向是無物。故云不
> 眞空。謂即萬有之無性名爲眞諦，何曾一向是空，故云不眞空也。……
> 眞空實有並是二邊，不眞非實即爲正理。〔註74〕

澄觀的這段話可分作兩層來理解，首先他認爲「眞空」一詞，相當於一向無物的「斷滅空」，所以他說僧肇以「不」字冠於「眞空」之前，以否定斷滅空。其次，澄觀從「萬有之無性」說眞諦，由此轉出「空與不空無障礙」的妙有的眞空義。〔註75〕因此按照澄觀的說法，僧肇的〈不眞空論〉的主旨就是在論證：眞諦不是斷滅空，而是妙有的眞空。

憨山大師與澄觀的意見相近，而且更直接點出「不眞空」有兩層意義，《肇論略疏》說：

> 此論眞空不空以爲所觀眞諦之境也。不眞有二義，一、有爲之法緣

〔註73〕印順：《中觀論頌講記》（臺北，正聞出版社，1992年一月修訂一版），頁52。
〔註74〕唐・澄觀《大方廣佛華嚴經隨疏演義鈔》，大正三十六冊，No.1736，P242b。
〔註75〕唐・澄觀《大方廣佛華嚴經隨疏演義鈔》卷三十二：「言眞空是不空空者，即
眞空上以明中道，謂空與不空無障礙故。……是故非空非不空名爲中道，是
名眞空義」，同前註。

生故假，假而不實，其體本空，此俗諦不真故空，名不真空。真性
緣起成一切法，體非斷滅，不是實實的空，名不真空。有是假有為
妙有，空非斷空為妙空，此則非有非空為中道第一義諦。〔註76〕

憨山大師認為有為法緣生不實，其體本空，故曰「不真」，不真故空，這是不
真的第一層意義。緣生非斷滅，故不是實實的空，而是妙空，這是不真空的
第二層意義。

澄觀、憨山大師對於〈不真空論〉的解題，注意到「不真空」一詞可能
有的兩方面意義：一方面，萬有緣起不真，不真即空。另一面，雖然不真即
空，然空中卻能生起萬法，故不是斷滅的空，而是妙有之空。但是元康、遵
式、文才等卻持不同的意見，元康《肇論疏》說：

此論（不真空論）第二，明空申真諦教也。諸法虛假，故曰不真。

虛假不真，所以是空耳。〔註77〕

根據元康所說，「不真」是指諸法虛假，諸法虛假不真，即是空。致於諸法虛
假不真的內容為何，遵式《注肇論疏》有更詳細的注釋：

不真者，非實也，緣生故物性非實有。緣起故，物性非實無。以此
而推，性非有無，故曰不真也。〔註78〕

「不真者，非實也」即是元康所說的「諸法虛假」，諸法的虛假不真，是因為
緣生無自性故非實有，緣生無自性故也非實無。因此諸法虛假不真的空義中，
已含攝了非實有非實無的兩層意義，所以是「勝義畢竟空」。〔註79〕

案：要判斷澄觀、憨山與元康、遵式那一派接近僧肇〈不真空論〉的原
意，可從以下兩方面考察：

一、以〈不真空論〉解讀僧肇的原意：「夫至虛無生者，蓋是般若玄鑑之
妙趣，有物之宗極者也。自非聖明特達，何能契神於有無之間哉」！
〔註80〕這是本論的宗旨所在，因此，對這段話的把握可以幫助我們
對〈不真空論〉主旨的理解。蓋「畢竟空」一詞首先出現於《放光
般若經》卷一，後來鳩摩羅什改譯大、小品經時，便大量使用，但
《放光般若經》中有時又譯作「至竟空」，因此本論「至虛」一詞應

〔註76〕同註56。
〔註77〕同註36，P170c。
〔註78〕同註54，頁117。
〔註79〕同註56。
〔註80〕同註41。

該理解為「畢竟空」。〔註81〕「無生」則有不生不滅義。此無生畢竟空，是諸法的究竟實相，故云「有物之宗極」。只有般若玄鑑可以契合於中道非有非無的畢竟空。如果這樣的理解不錯，則僧肇〈不眞空論〉所欲申明的是「勝義畢竟空」，而不是論證妙有之空。〔註82〕而且斷滅空在〈不眞空論〉的語言使用上，通常是以「無」來表詮，而不是「空」。

二、以學術思想的發展而言，中觀學派的出現，本來就是要破除說一切有部對於本體的執著，因此，「空」觀念的提出，就是對自性有（定有）、自性無（定無）的否定。這是屬於「勝義畢竟空」的早期般若思想。澄觀、憨山的意見很明顯是受到眞常妙有一系的思想影響。但是僧肇當時所譯之三論及般若經，乃以一切法空或畢竟空為究竟理趣，尚未發展為後期般若經「眞空妙有」的思想。因此澄觀、憨山以後期「眞常妙有」的思想，來解說僧肇的〈不眞空論〉，並不能完全相應。而元康等人的認為「不眞故空」的畢竟空義，可謂能契〈不眞空論〉的旨趣。

本論分序文及正論兩部分，序文除標示論文宗旨外，又兼破心無、即色、本無三宗，正論則展開般若性空的論證。僧肇對於三宗的辯破已詳見上文，因此本節將按正論的部分，分四層討論僧肇的不眞空義：（一）即萬物明不眞；（二）就二諦明不眞；（三）就因緣明不眞；（四）就名實明不眞。

（二）即萬物明不眞

僧肇在〈不眞空論〉的序文部分，先破斥了當時的三家般若說（已見本章第二節）。接著引《大智度論》及《中論》作為其立論的依據：

> 《摩訶衍論》云：諸法亦非有相，亦非無相。《中論》云：諸法不有不無者，第一眞諦也。〔註83〕

諸法「非有非無」的畢竟空義是〈不眞空論〉要論證的主題。其實般若學各派，也無非都是要解釋諸法性空、非有非無的般若經義，而有種種異說。心

〔註81〕參考蔡纓勳《僧肇般若思想之研究》（國立台灣師範大學，文學院七十三學年碩士論文）頁118。

〔註82〕魏晉時期所譯的般若經尚屬勝義畢竟空的思想體系，還未發展出眞空妙有的思想。關於般若經思想的發展與翻譯請參閱印順法師著《初期大乘佛教之起源與開展》（臺北，正聞出版社，1992年七版）。

〔註83〕同註41。

無宗肯定萬物是有，但只要主體不執著於外境，則寂然神靜，萬物自虛。即色宗認為外境是因為主體的認識作用才生起，若心不計執，則外境皆空。本無宗認為豁然無形之空是萬物之本體。僧肇以為三家對般若性空的誤解，在於不能了悟萬物當體即空，所以說：

> 尋夫不有不無者，豈謂滌除萬物、杜塞視聽、寂寥虛豁，然後為真
> 諦者乎。〔註84〕

所謂「滌除萬物」是透過滌除內心對萬物的執著，而達到虛靜的境界，因此這句應是針對心無宗而言。即色宗認為外境的生起是由於心的計執，因此杜絕心的執著，外境即空，因此「杜塞視聽」應是對即色宗而發。本無宗以空為豁然虛豁的本體，所以「寂寥虛豁」則應該是指本無宗。這三宗的共同錯誤都是離開萬物說空，心無、本無兩家是在萬物之外說空，即色宗雖然已經明萬物是空，但這空是建立在主體心靈的不計執上，尚未了達萬物是當體即空的。所以僧肇說：

> 誠以即物順通，故物莫之逆。即偽即真，故性莫之易。性莫之易，
> 故雖無而有，物莫之逆，故雖有而無。雖有而無，所謂非有，雖無
> 而有，所謂非無。〔註85〕

所謂「即物順通」者，就是指般若性空並不是離開萬物說空，而是即萬物說空，因為不離萬物，故物莫之逆。即現象（即偽）而說諸法實相（即真），故性莫之易。這段引文的「無」是指「無自性」，「有」是指「現象有」，因此「雖無而有」即是承認現象萬物是無自性的存在，「雖有而無」則是否定現象背後的本體（自性）。因此「空」只是對自性的否定，而不是取消現象的存在，所以僧肇說「如此，則非無物也，物非真物」。「物非真物」就是否定物是有自性的存在。僧肇再引經證成其說，曰：

> 故經云：色之性空，非色敗空。以明夫聖人之於物也，即萬物之自
> 虛，豈待宰割以求通哉。〔註86〕

一切有情眾生都在生、住、異、滅中流轉，一切器世間都在成、住、壞、空的循環當中，當有情或世間壞滅的時候，我們依常識以為一切皆空，最後總要歸於幻滅。但般若經所說的「空」，並不是指壞滅而歸於空無的空，而是指

〔註84〕同前註。

〔註85〕同前註。

〔註86〕同前註。

「自性空」。

要瞭解「自性空」的真實內涵，我們必須回顧說一切有部的法體實有說。說一切有部分析現象諸法，得出五位六十七種法體，認為現象是由六十七法體和合而生起，所以現象萬有是和合的假有（和合假），是空無實體的，但六十七種法體卻是永恆不變的本體，是有自性的。因此有部雖然承認現象是分析空的，但卻執著法體實有（假依實）。中觀學派的出現，就是要消解有部對此本體的執著。僧肇繼承中觀思想，發揚般若性空的精神，認為般若經所說的「空」並不是對現象進行分析而得到的結果，而是萬物的自性當體即空。簡言之，就是說萬物「無自性」，「無自性」即是說萬物無永恆不變的本體。此即僧肇《注維摩詰經》所言：「色即是空，不待色滅然後為空。是以見色異於空者，則二於法相也」。〔註87〕在此，僧肇明白提出色不異於空，並不是在現象之外建構一空的世界，因此討論性空必須即萬物之當體說空。

（三）就二諦明不真

即萬物當體說空，就意謂著空即萬物，萬物即空（色即是空，空即是色）。如果以空為第一義諦，萬物為世諦，則可以說第一義諦即世諦，世諦即第一義諦。但般若經的說法，有時又使人以為第一義諦與世諦是二而非即的，如本論引《放光般若經》云：

> 《放光》云：第一真諦，無成無得。世俗諦故，便有成有得。〔註88〕

印順法師說：「諦」有正確不顛倒的意思，凡是與事實相符的認識就是正確的，就可以安立為諦，這樣「在世俗立場說，只要人人認識以為如此不謬的，就可以安立其確實性——世俗諦了。若是真實而非一般人所能認識的，那是聖者同證的特殊境界，是第一義諦」。〔註89〕若依中觀思想來說，所謂第一真諦，就是諸法非有非無的第一義空，世俗諦就是指現象界的諸法。表面看，無成無得的「第一真諦」似乎與有成有得的「世俗諦」相對。如果「第一真諦」與「世俗諦」相對的話，那麼就跟「當體即空」的說法矛盾。如果二諦的施設與「當體即空」沒有矛盾的話，那麼「第一義諦」與「世俗諦」的關係又當如何？僧肇說：

> 夫有得即是無得之偽號，無得即是有得之真名。真名故，雖真而非

〔註87〕僧肇《注維摩詰經》，大正三十八冊，No.1775，P398a。

〔註88〕同註41。

〔註89〕印順：《性空學探源》（臺北，正聞出版社，1992年修訂一版），頁22。

有。偽號故，雖偽而非無。〔註90〕

說一切有部以分析的方法空掉和合的現象假有，但卻執著法體的實有，認為現象是世俗諦，而永恆不滅的法體是第一真諦，現象（世俗諦）是法體（第一真諦）的和合而生起的，此即有部假依實的見解。中觀學派根本不承認法體的存在，認為執著實有的法體，與佛陀所宣說的緣起法則根本矛盾，因為依法體和合生起的現象雖然是生滅流轉的假有，但其所依存的法體（六十七種法體），卻是不依任何條件自存的，這就違反了緣起的精神。因此中觀學派認為現象的背後沒有永恆不變的自存的法體，現象是當體即空的，這「空」是聖者的證悟，是諸法的最真實的狀態，所以稱為「第一義諦」。所以「空」或「第一義諦」是對自性、法體的否定，而不是對現象——世俗諦的否定。依此理解僧肇這段文字的意思是：站在萬物真實狀態的角度說，諸法本體是沒有（非有）的，站在現象假有的角度言，現象雖然生滅流轉（偽），卻不是不存在（非無）的。因此，有所得（現象之有所得）只是無所得（無自性空）的假說，無所得（無自性空）是有所得（現象之有所得）的真名。

　　真諦（第一義空）、俗諦（有）都是即萬物當體而言，並非離俗諦之外，而有一獨存的真諦，所以僧肇說真諦、俗諦其實是「無異」的：

　　　是以言真未嘗有，言偽未嘗無，二言未始一，二理未始殊。故經云：
　　　真諦俗諦謂有異耶？答曰無異也。此經直辨真諦以明非有，俗諦以
　　　明非無，豈以諦二而二於物哉！〔註91〕

本段的「真」字乃指向於萬物之本體，依據中觀的學說，萬物是無不變的自性本體的，故曰「言真未嘗有」。說一切有部認為現象是和合的假有，中觀學派順其說，也以「假」或「假有」來指稱現象萬物，所以僧肇也以一「偽」字來指稱宛然有的現象萬物。因為現象是我們可以經驗到的實實在在的存在物，所以說「言偽未嘗無」。因此「言真未嘗有，言偽未嘗無」一句，簡言之，就是說：現象是無本體的存在。舉例來說，我們正在喝一杯牛奶，就這杯牛奶是我們真真實實地所見、所嗅、所味、所觸的對象而言，我們不能否認它的存在，因此站在世俗諦的立場來說牛奶是存在的（言偽未嘗無）。但是如果依照說一切有部法體實有的設定，這杯牛奶即使被人喝掉，或者久置而變壞，但是牛奶的本體（法體）卻是由永恆不變的。中觀學派只承認牛奶作為現象

────────────

〔註90〕同註41。
〔註91〕同前註。

的存在，而根本否認牛奶有所謂不變的本體，因為承認牛奶有不變的本體，便無法解釋牛奶的變異現象（已詳說於前）。因此，站在真諦的立場，說牛奶無本體（言真未嘗有）。

說有（俗諦）說無（真諦），好像不一樣，其實只是立論的角度不同，但無非都是指向同一的真理，就是諸法本性空寂，並不因為安立二諦（諦二）而「二於物」。換言之，真諦、俗諦都是即萬物的當體而言，不是離開萬物而另外建立一個「真諦」，所以僧肇說般若「空」義是「即偽即真」「不動真際為諸法立處」。〔註92〕

「即偽即真」也可以說成「即偽即空」，或方便說為「即現象即本體」。但是，由於僧肇時期傳入的般若學說屬於「勝義畢竟空」系列，尚未發展出後期的真常思想，因此，〈不真空論〉所說的「即偽即真（空）」只能說現象是無本體的存在，而不能把「空」理解為諸法的本體。因此，「即偽即真」或「即現象即本體」只是消極的虛說。

（四）就因緣明不真

上文已明「空」義的提出是意向著本體的否定。那麼我們要問：中觀學派是依據甚麼來否定本體？也就是說，「空」的理據是甚麼呢？僧肇的回答是：「空」的理據就是「緣起法」，他引經為證，說：

> 故童子歎曰：說法不有亦不無，以因緣故，諸法生。瓔珞經云：轉法輪者，亦非有轉，亦非無轉，是謂轉無所轉。此乃眾經之微言也。
> 〔註93〕

「童子歎曰」一段出自《維摩詰經·佛國品》，僧肇《注維摩詰經》解釋這段，說：

> 欲言其有，有不自生。欲言其無，緣會即形。會形非謂無，非自非謂有。……有亦不由緣，無亦不由緣，以法非有無故，由因緣生。
> 〔註94〕

這段注釋可與〈不真空論〉互相印證：

> 中觀云：物從因緣故不有，緣起故不無。尋理即其然矣。所以然者，夫有若真有，有自常有，豈待緣而後有哉！譬彼真無，無自常無，

〔註92〕同前註。
〔註93〕同前註。
〔註94〕同註87，P333a。

　　　　豈待緣而後無也。若有不自有，待緣而後有者，故知有非真有，有

　　　　非真有，雖有不可謂之有矣。不無者，夫無則湛然不動，可謂之無，

　　　　萬物若無，則不應起，起則非無，以明緣起故不無也。〔註95〕

「緣起」是佛教各派共同承認的前題。說一切有部以假依實說緣起，即現象
是依實有的法體的和合而生起。但實有的法體（定有），是自有常有，獨立自
存，永恆不變的，它不需要其它條件即能存在，這樣的法體實有說便與緣起
法則衝突。當然，若執著「無」是定無，則應是一往的無（常無），而不應有
現象的生起，因此定無說也是違反緣起法的，所以說「有亦不由緣，無亦不
由緣」。總言之，自性見與緣起法是根本不能相容的。

　　為甚麼主張有自性就不能說緣起呢？因為自性是含有不變異的本體義，
但現象世界的一切都在遷滅流轉的變動當中，本來沒有的，後來可以出現；
本來存在的，後來可能湮滅，如果此中有自性的話，則有的不可能變成無，
無的不可能變成有。這樣，蒼海則應永遠是蒼海，桑田則應永遠是桑田，這
就落於「常見」當中。若執著諸法是定無，則一切現象都不可能生起，這又
落於「斷見」中，因此僧肇說：「有若真有，有自常有，豈待緣而後有哉！譬
彼真無，無自常無，豈待緣而後無也！」這是主張法體實有說的根本困難，
只有諸法無自性的「空」義，才能契合緣起的法則。

（五）就名實明不真

　　以上均是即物之當體明不真，不真故空。討論的焦點都集中在對「法體
實有說」的辯破。不過，說一切有部不但把分析萬物所得的最後單位（極微）
作為萬物的本體（法體），而且還把概念實體化，認為概念是事物的本體。譬
如說一隻貓，我們認為在牠還沒有出生或是死亡之後，都沒有貓的存在。但
說一切有部認為現象的貓雖然在牠未出生或死亡後是不存在，但作為貓的概
念不管是在過去、現在、未來都是永恆的存在（詳見下章）。因此概念也是諸
法的本體，所以要否定本體，不但要否定法體而說即物自虛，還要破概念（名）
的實有自性。〈不真空論〉則是從名實無當及概念互相依待兩方面破概念的實
有自性。

　　如果認為概念是事物的本體，則概念與事物之間必須是一致的，但是這
一致性是否存在於語言（名）與對象（實）之間呢？僧肇說：

〔註95〕同註41。

> 夫以名求物，物無當名之實。以物求名，名無得物之功。〔註96〕

僧肇認爲以名求物，並沒有與名相應的事物，例如我們喜歡大自然、喜歡藝術作品、喜歡年青的少女，因爲我們在這些對象中發現了「美」，「美」使我們感到愉悅，但是到底我們是否可以在這些對象中找到共通的「美」呢？答案是不可能的，梶山雄一在其《佛教中觀哲學》中有一段精闢的論述：「共通於女子之美與山之美之所謂美，到底能否被發見呢？能夠從像山的女子這樣的形象中引出美的觀念的人大概是沒有的吧。所謂美的繪圖。描寫醜惡的掠奪與鬥爭的名畫很多。或者，在一幅繪畫中，人看到了爲了要以醜惡的一部分來強調另外一部分的美而被構成的繪圖，不會說這是美的繪圖麼？在印度，人說美女如象那樣優雅地步行。但對於日本人來說，把美女與象的形象一致，恐怕是不可能的吧」。〔註97〕

不但抽象概念有這種困難，即使是具體的事物，也有同樣的情形，我們閱讀的詩歌、小說、散文等，我們都稱之爲文學作品，但到底共通於不同作品的「文學」的要素是否可以找到呢？如果說文學就是以優美的文字描述故事，但我們也可以見到部分作品因爲要配合人物的身分地位而使用粗俗的文字，如流氓的口語。如果說文學是充滿情感的作品，但有部分的漢賦卻只是辭藻的雕琢與鋪陳。總之，在不同的定義中，都很難找到所有文學作品的共通要素。

就是在具體的實物中，這種情況也存在。譬如我們說「筆」是可以用來書寫的東西，那麼我們拿著一根枯枝或石頭在沙灘寫寫劃劃，是否可以把枯枝或石頭稱爲筆呢？如果以電腦書寫，那又該怎麼說？此即「以名求物」的困難，它反映了名與物之間並沒有必然的同一性。

「以名求物」，物既然無當名之實，那麼，「以物求名」，名又是否可「得物」呢？答案也是不可能。「火」是有熱性的東西，如果名可得物的話，即是說名與物有完全的同一性，那麼我們說「火」的時候，應同時感到熱，但事實上，我們說「火」時，一點也沒有熱的感覺。

既然物無當名之實，名也無得物之功，因此我們的概念與現實對象之間並不存在必然的同一的關係，既然沒有同一性，則概念便不可能作爲現象的本體。不但概念與對象無必然的同一性，就是概念與概念之間，也是互相依待的：

> 故中觀云：物無彼此，而人以此爲此，以彼爲彼。彼亦以此爲彼，

〔註96〕同前註。
〔註97〕同註66，頁75。

> 以彼爲此，此彼莫定乎一名，而惑者懷必然之志。然則彼此初非有，
> 惑者初非無，既悟彼此之非有，有何物而可有哉！故知萬物非眞，
> 假號久矣。〔註98〕

「彼」「此」是相待而有的兩概念，依於「此」而有彼，依於「彼」而有此，
譬如甲乙兩人，站在甲的立場說甲是此，乙是彼。但若站在乙的立場說，則
乙就是此，甲就成了彼。彼此是可以互換的，因此彼此莫定乎一名。不但彼
此是這樣，就是長短、高矮、肥瘦、美醜等無不如此，就以長短爲例，A相
對於比它短的B來說是長，但相對於比它更長的C來說，又變成短。可見長
短、彼此等概念都是互相依待而成，既然是互相依待的，就不可能有獨立性，
也就是說不可能有獨立的本體意義。

既然概念與對象之間無必然的同一性，概念的自身也不是獨立的自存，
因此概念根本不能成爲現象的本體，故知萬物非眞（沒有永恆不變的本體），
我們對萬物的稱謂也只是「假號」，而不是確定不可改變的眞名。

綜上所述，〈不眞空論〉一文的宗旨在於論證萬物不眞故空，物性本來空
寂，論證分四層：（一）首先標示「空」是即萬物當體明空，而不是離開萬物
而架構「空」的理論。（二）眞諦（空）、俗諦（有）只是從不同角度立論，
而所開顯的都是同一的理趣——即物自虛，不假虛以虛物。（三）「空」的理
論根據就是緣起法，一切主張法體實有的學說都與緣起法相違背。（四）不僅
法體實有說不能與緣起法相容，即使以概念作爲現象萬法的本體也同樣不能
成立。

總之，般若性空是聖者同證的諸法眞際，所謂眞際並非離開萬物另有眞
際，而是即現象即眞際，所以僧肇讚歎說：「是以聖人乘千化而不變，履萬惑
而常通者，以其即萬物之自虛，不假虛而虛物也。故經云：甚奇世尊，不動
眞際爲諸法立處，非離眞而立處，立處即眞也」。〔註99〕把萬物背後的本體化
掉之後，即萬物當體即是眞際，故能立處即眞。

小結：從玄學到《肇論》有無觀的深化與開展

玄學起於魏晉。般若學雖然在東漢末年已經傳入，但流行中土，爲學界

〔註98〕同註41。
〔註99〕同前註。

所重，則在魏晉時代。探其原因，未嘗不是般若學探求萬法之實相與魏晉玄學探求本末有無問題的相應。

就玄學的發展而言，王弼在萬物的背後建構「無」，作為萬有的本體。而郭象的努力則在化掉此本體，使萬物各返所宗於體內，換言之，萬物成了無本體的存在，或者說是萬物以自身作為存在的根據。

就般若學的發展而言，中觀學派的出現，其始即在消解說一切有部對於本體的執著。僧肇繼承中觀學派的精神，發揮般若學說，提出萬物不真的理論。不真即是對法體的否定，認為萬物只是現象的存在，並無永恆不變的本體，無本體（自性）故空。因此「空」是意向著本體的消解而提出，並不是離開萬物而另外建立「空」作為萬法的本體。我國早期的般若學家，以為空是諸法的本體，未嘗不是受到玄學貴無派「以無為本」的思想影響。

從玄學與般若學的中心問題來看，都是在辨本末有無之理。就他們的思想發展來看，玄學與般若學前後期的發展都走向對本體的否定。因此玄學、般若學的思想架構容或不同：王弼的本體是「無」，說一切有部的本體是分析萬物所得到的最後單位（極微）；郭象以「自生」說來化掉王弼的本體「無」，中觀學派以「空」觀念來消解法體實有說。然而，儘管思想內容存在著這樣的差異，但是，他們的發展理趣卻是一致的──否定萬物之本體。這樣，萬物成了純現象的存在，或者說，萬物自身就是其存在的根據。

郭象自生說的提出，使萬物成了無本體的存在，或者說萬物以自己的存在為本體。但是他對於萬物如何生起一問題，卻沒有回答，而且認為物的存在是「非可言致」的，故人應當「昧乎無言之地」。換言之，郭象要求人應安於無知，從而把這一問題取消。然而此一問題恆為人類所關心者，並非輕易可以取消的。僧肇承接般若學說，以緣起法來解釋萬物生起的現象，這點可以說是般若學對於這一問題的進一步的說明，所以唐君毅先生說：「其文（〈不真空論〉）之後段，即因緣生，以言有無或不真空之義，則我以為實大有進於王郭」。〔註100〕可見，對於本體的消解，是郭象、僧肇共同努力的方向。可是不僅如此，僧肇又在玄學沒有解決的問題上，以緣起法來解釋現象的生起，從而說明不真故空（即無自性故空）的大乘般若性空學。

在本末有無的討論上，由於玄學與般若學存在著同中有異，異中有同的

〔註100〕唐君毅：〈僧肇三論與玄學〉，見《三論典籍研究》（臺北，大乘文化出版社，1979 年），頁 218。

關係，因此，在文字的使用上，般若學可以借用玄學的辭彙，例如，「眞如」
一詞，早期的《般若經》譯爲「本無」。呂澂先生說：「『如性』（即眞如）也
就是『空性』，空掉不如實在的那一部分。……佛家進一步把這一概念叫作『自
性空』，『當體空』。從這個意義上說，譯成『本無』原不算錯」。〔註101〕如果
能瞭解「本無」一詞的譯意，本來不會產生誤解。但是由於「無」是玄學的
詞語，而且「以無爲本」是玄學貴無派的重要思想，因此，便使我國早期的
般若學者多少受到此一思想的影響，而對於般若「空」義不能有確切的理解。
但是，由於玄學與般若學有其可會通之處，因此，即使早期般若學家以玄解
佛，卻也並不是一無是處。就以僧肇所破的三宗爲例，僧肇雖然批評「心無
宗」尚未能把握般若空義，但也認爲此宗「得在神靜」，而此宗「神靜」的思
想實受《莊子》「聖人之用心若鏡」的影響。支道林的「即色宗」也可能是受
《莊子》的啓發，僧肇認爲即色義已經明白「色不自色」，但卻尚未領會「色
之非色」（色即是空）的深義。致於「本無宗」，則更容易看出玄學貴無派「以
無爲本」的影子，所以僧肇批評此宗「情尚於無，多觸言以賓無」。早期般若
學家雖然未能眞切把握般若空義，但是在玄學的激蕩下，還是逐漸接近般若
「空」的義趣的。這是一外來的思想被瞭解、接受的必經過程，在這過程中，
玄學扮演了非常重要的中介角色。牟宗三先生也說「道家玄理之弘揚正是契
接佛教之最佳橋樑」。〔註102〕

　　《肇論》是國人理解般若學說的成熟作品。〔註103〕但是在詞語的運用，
也不可避免受到老莊玄學的影響。〔註104〕以「有」、「無」兩字爲例，〔註105〕
「有」字在王弼或郭象的思想體系中，都可以指現象萬有；「無」字在玄學貴
無派的使用上，是意向著一無限的本體，因此「無」字不能理解爲不存在

〔註101〕同註46，頁4。
〔註102〕牟宗三：《才性與玄理‧序》說「道家玄理之弘揚正是契接佛教之最佳橋樑。」
　　　　 湯用彤先生在《漢魏兩晉南北朝佛教史》頁240也說：「性空本無義之發達，
　　　　 蓋與當時玄學清談有關。實亦佛教之所以大盛之一重要原因也。」
〔註103〕據梁‧慧皎《高僧傳》〈釋僧肇傳〉載：「因出大品之後，肇便著波若無知論，
　　　　 凡二千餘言，竟以呈什。什讀之稱善，乃謂肇曰：『吾解不謝子，辭當相挹。』」
　　　　 （大正五十冊，No.2059，P365a。）由羅什對僧肇的稱讚，可知《肇論》爲
　　　　 國人理解般若思想的成熟作品。
〔註104〕《肇論》各篇引用老莊的詞語，參考涂艷秋《僧肇思想探究》之〈肇論引老
　　　　 莊考〉（國立政治大學中國文學研究所博士論文）。
〔註105〕玄學與般若學的中心問題都是本末有無的問題，因此「有」、「無」便是最關
　　　　 鍵的字眼，所以本文只取此二字作一簡略的考察，希望藉此收見微知著之功。

（non-existence）。但是，在郭象的體系中，「無」卻等於不存在。反觀僧肇的〈不眞空論〉，凡是在論證「空」義而使用的「無」字，都是取「不存在」義，可見就「無」字的使用上，僧肇是近於郭象而遠於王弼的；再則，「無」不但取「不存在」義，而且還含有佛家所說的「斷滅無」的意思，這又是僧肇更進於郭象的地方。「有」字在僧肇的論證系統中，不是簡單的作「現象萬有」解，而是意向著「定有」、「恆有」而被使用。因爲僧肇大量地使用玄學的語言，所以《肇論》被認爲是玄學系統之佛學作品；〔註106〕又由於僧肇在使用玄學詞語時，有其獨立的內涵義意，所以《肇論》又是使佛學脱離玄學而取得獨立地位的開始。

〔註106〕湯用彤先生《漢魏兩晉南北朝佛教史》，頁338，説：「（肇論）蓋用純粹中國文體，則命意遣詞，自然多襲取老莊玄學之書。因此肇論仍屬玄學之系統。概括言之，肇論重要論理，如齊是非一動靜，或多由讀莊子而有所了悟。惟僧肇特點，在能取莊生之説，獨有會心，而純粹運用之於本體論。其對於流行之玄談，認識極精，對於體用之問題，領會尤切。而以優美有力文筆，直達其意。成爲中國哲理上有數之文字」。

第四章　從玄學到《肇論》動靜觀的深化與開展

第一節　玄學對動靜問題的探討

一、王弼的動靜說

　　王弼在有、無的論證中，以「無」為本，以「有」為末。「無」是超越的本體，它的特性是虛靜無為，而萬物萬形都以之為本。王弼在討論動靜問題時，也是依此一形上理路而推衍的，《老子》十六章注：

　　　　凡有起於虛，動起於靜，故萬物雖並動作，卒復歸於虛靜，是物之極篤也。〔註1〕

又注「夫物芸芸，各復歸其根，歸根曰靜，是謂復命。」說：

　　　　各返其所始也。歸根則靜，故曰「靜」。靜則復命，故曰「復命」也。
　　　　〔註2〕

王弼認為萬物儘管變異動作，最後都必回歸於虛靜，虛靜才是萬物之所始，也是萬物之根源，因此他說這樣的回歸就是回歸根源，這根源就是「靜」，他認為萬物回復「靜」，就是回復到自己本體的狀態，所以稱為「復命」。《周易·復卦·象傳》注：

　　　　復者，反本之謂也。凡動息則靜，靜非對動者也；語息則默，默非

〔註1〕樓宇烈：《王弼集校釋》，頁36。
〔註2〕同前注，頁337。

> 對語者也。然則天地雖大，富有萬物，雷動風行，運化萬變，寂然
> 至无是其本矣。……故為復，則至於寂然大靜。先王則天地而行者
> 也，動復則靜，行復則止，事復則元事也。〔註3〕

運動止息而復歸於靜的現象，王弼稱之為向本體的返回。動靜依經驗而言，
是一相對的觀念，運動必以一定點為對比才能見其運動，如兩輛車以同一速
度、同方向平行前進，則此兩車之間並無運動；但如果以路邊的靜止物為標
誌，則可見兩車均在前進。因此動是依靜來呈顯，反之，靜也需要與動相對
才能顯現出靜止。因此動靜、語默在經驗層次而言，是相對的概念。但是王
弼所說的「靜」「默」並不是作為與動相對的狀態而提出，而是把「靜」「默」
提昇到本體的地位，因此，在王弼的哲學體系中，現象世界是「雷動風行，
運化萬變」的，但在這風雷運變的紛紜萬象中，卻有一寂然不動的本體，嚴
格地說，此本體應該是超越動靜的「寂然大靜」，它不能以相對的概念理解。

二、郭象的動靜說

　　動靜問題包括了：一、物體由一時空轉移到另一時空的運動；二、物質
由一狀態變為另一狀態的變化。而郭象的動靜說，主要是討論變化的問題，
而不是討論物體位置轉移的運動問題。在有無問題的討論時，郭象已把王弼
作為本體的「無」（道）化掉，認為萬物的生成是自然、自爾、自生、自造的，
其背後不需要以「無」（道）為本體。現象本身已是圓滿自足的存在。在動靜
問題的探討上，郭象仍然秉持他的自然說，認為變化乃出於自然：

> 日夜相代，代故以新也。夫天地萬物，變化日新，與時俱往，何物
> 萌之哉？自然而然耳。〔註4〕

日夜交替，以故代新，萬物變化，與時俱往，是自然而然發生的，此中並無
一造物主使之然，正如萬物的存在也是自然而然一樣。〈齊物論〉注又說：

> 夫時不暫停，而今不遂存，故昨日之夢，於今化矣，死生之變，豈
> 異於此，而勞心於其間哉！方為此則不知彼，夢為胡蝶是也。取之
> 於人，則一生之中，今不知後，麗姬是也。而愚者竊竊然自以為知
> 生之可樂，死之可苦，未聞物化之謂也。〔註5〕

〔註3〕　同前注。
〔註4〕　郭象：《莊子注》，見郭慶藩《莊子集釋》，頁55。
〔註5〕　同前註，頁113。

時間之流是沒有停止的，事物的變化則是以故代新，因此在未變化之前（故），不知道變化之後（新）的事，就如同生時不知死的情形，既然不知，則不須勞心神於其間。郭象舉《莊子》書中麗姬的故事為例：麗姬要嫁到晉國的時候，涕泣沾襟，及其到達晉國的王宮，與晉王燕處，進美食，寵愛隆重，乃後悔當初之哭泣。因此郭象認為惡死樂生是沒有必要的，因為在生之時（與死相對則為故），並不知道死後（與生相對則為新）的情況，此即「方為此則不知彼」。但我們的問題是：郭象所說的變化是以一生一死為一變化的段落呢？還是以一日一夜為一變化的段落呢？〈大宗師注〉說：

> 夫無力之力，莫大於變化者也；故乃揭天地以趨新，負山岳以舍故。
> 故不暫停，忽已涉新，則天地萬物無時而不移也。世皆新矣，而自以
> 為故；舟日易矣，而視之若舊；山日更矣，而視之若前。今交一臂而
> 失之，皆在冥中去矣。故向者之我，非復今我也。我與今俱往，豈常
> 守故哉！而世莫之覺，橫謂今之所遇可係而在，豈不昧哉！」〔註6〕

郭象所謂之變化不只是限於日夜交替、生死變異等可見的現象，他更深入事物之本質而談變化。天地、山岳、船舟這些事物，在一段時間上都能維持固定的狀態，因此，以常識的角度，我們認為昨天看見的舟與今天看見的舟是同一的舟。但是如果從本質變化的角度而言，今天所見的舟已不是昨天所見的同一的舟。把這種變化推至極致，則必然得出「交一臂而失之」的結論。「交一臂而失之」說明變化的快速，「故」不暫停，則天地萬物無時而不移，可見郭象的變化說是隨著時間之流，無一刻暫停的。以此推之，我們不可能兩次看到同一的舟，因為第二瞬間所看到的舟，已經不是第一瞬間所看到的舟了。因此郭象說「今」是不可係而在的，因為才說「今」，「今」已變成「故」了。不僅作為對象的事物之變化不可暫停，作為主體的「我」也是不可暫停的，所以說「向者之我，非復今我也。我與今俱往，豈常守故哉」！既然「我」也不可守故，則一切都在變化不息之中。

　　王弼從本體的角度說一超越動靜的「寂然大靜」，此「靜」是動無動相，靜無靜相的動靜不二。郭象放棄了本末有無的二分法的方向，不從本體上立論，而只從事物的本質變化談動靜問題。他說今物不可係而在，可見他認為現象事物變化日新，刻不暫停。但他又說「向者之我，非復今我」，則他似乎已經意識到「向者之我不來今」的意思，果若此，則郭象的動靜說中已隱含

〔註6〕　同前註，頁244。

「物不遷」的思想，但這點則尚有待僧肇進一步明揭與發展。

第二節 〈物不遷論〉思想探究

一、思想淵源

（一）說一切有部為主的三世實有說

由於運動是一物體由一位置轉移到另一位置，或由一狀態變化爲另一狀態，所以運動問題的探討即關連著時間、空間的因素。因爲運動必須在時間之內進行，所以在討論僧肇的動靜說之前，我們先看看說一切有部的三世實有說。五類六十七法是說一切有部橫向分析諸法的結果，但他們還縱向地論證三世實有，所謂三世是：

> 以有爲法未已生，名未來；若已生未已滅，名現在；若已滅，名過去。〔註7〕

一切法尚未生成時，名爲「未來」；若法已經生成，而尚未消滅的刹那名爲「現在」；當法已滅則名爲「過去」。說一切有部認爲法體恆存於過去、現在、未來三世中，理由有三點：

（1）由於佛陀的宣說：

> 論曰：三世實有，所以者何？由契經中世尊說故。謂世尊說：苾芻當知。若過去色非有，不應多聞聖弟子衆於過去色勤脩厭捨。以過去色是有故。應多聞聖弟子衆於過去色勤脩厭捨。若未來色非有，不應多聞聖弟子衆於未來色勤斷欣求，以未來色是有故，應多聞聖弟子衆於未來色勤斷欣求。〔註8〕

佛陀曾教誡弟子厭捨過去色，對於未來色則不要再生起欣求之心。因此有部認爲如果過去色、未來色不是實有的話，則「於過去色勤脩厭捨」、「於未來色勤斷欣求」的話便成爲無意義，所以必須肯定過去色及未來色均是實有。

（2）具二緣識方生故：

> 又具二緣識方生故。謂契經說，識二緣生，其二者何？謂眼及色。廣說乃至意及諸法。若去來世非實有者，能緣彼識應闕二緣。……以識

〔註7〕《阿毘達磨俱舍論》，大正二十九冊，No.1558，P105a。
〔註8〕同前註，P104b。

起時必有境故。謂必有境，識乃得生。無則不生，其理決定。若去來

世境體實無，是則應有無所緣識，所緣無故，識亦應無。〔註9〕

二緣是指根、塵二緣，根有眼、耳、鼻、舌、身、意六根；塵指外境，即色、
聲、香、味、觸、法六塵。有部堅持認識作用必須有主體的認識官能及客體
的對象，根、塵和合才能產生認識的作用，即眼根對應顏色、形狀而產生的
認識作用，稱為眼識。如是類推，六根與六塵和合產生眼識、耳識、鼻識、
舌識、身識、意識。但根據經驗，我們不僅可以有當下的認識作用，而且也
能夠回憶過去與憧憬未來，因此有部認為過去與未來的事物都是我們的認識
對象（外境），所以也應該是實有的。

（3）已謝業有當果故：

又已謝業有當果故。謂若實無過去體者，善惡二業當果應無，非果生

時有現因在。由此教理，毘婆沙師，定立去、來二世實有。若自謂是

說一切有宗，決定應許實有去、來世，以說三世皆定實有故。〔註10〕

有部認為「現在」在剎那間便成為過去，如果過去不是實有的話，如何招感
未來的果報？由此推論：過去、現在、未來都是實有的。

說一切有部認為一個本體必持有一作用，因此如果說「三世實有、法體
恆存」的話，則為何過去（已滅）、未來（未生）不見作用的生起？為解答這
個問題，有部論師法救、妙音、世友、覺天等有不同的議論。其中世友的意
見，被認為最合理：

尊者世友作如是說：由位不同，三世有異。彼謂諸法行於世時，至

位位中作異異說。由位有別非體有異。如運一籌置一名一，置百名

百，置千名千。〔註11〕

世友認為法體如一籌碼，放在個位數時，它就生起個位數的作用，放在百位數
時，它就生起百位數的作用，放在千位數時，就生起千位數的作用。而且籌碼
只有一個，因此放在個位數時，它只能生起個位數的作用，不能生起百位或千
位數的作用，放在百位數或千位數的道理亦然。因此一法三位之說〔註12〕既堅
持了同一個法體恆存於過現未三世，又解決了作用為何有時生起，有時不生起

〔註9〕 同前註。
〔註10〕 同前註。
〔註11〕 同前註。
〔註12〕 「一法三位」一辭出於呂澂《印度佛學思想概論》，頁66。

的問題。這就是說一切有部的三世實有說。

因為「法體實有，三世恆存」的確立，於是一物體從一時空轉移到另一時空，中間沒有任何變化的運動義便能成立。所以，中觀學派對運動的破斥，是關連著對法體恆存的否定而發的。

（二）中觀學派對運動實有論的辨破

在動靜、變化的問題上，有部也同意諸行無常。但無常是指剎那生滅的作用之現起而言，依世友的「一法三位」來說，即一法體在未來位生起作用，隨即滅去，進入現在位而起作用，剎那滅後即進入過去位。儘管作用有生滅的現象，但三世的法體卻是同一的。法體恆存，並無生滅，因此有部的主張是「用動而體靜」的。〔註13〕對於這種動靜學說，龍樹在《中論》的〈觀去來品〉中加以破斥。

印順法師說：「在空間中的位置的移動，時間演變中的性質、分量、作用的變化乃至生滅現象都是去來所攝」，〔註14〕因此龍樹對去來的辨破就是對運動、變化、生滅的辨破。《中論·觀去來品》：

　　　　已去無有去，未去亦無去，離已去未去，去時亦無去。〔註15〕

頌中的「去」是指「有自性的去法」，運動必然有時間性，因此龍樹從過去、現在、未來三時論去法的不可得。如果去法是「已去」的話，已去則是已經完成的動作，已完成的動作即是不再動作，因此已去中沒有去。若去法是「未去」的話，未去是尚未進行的動作，未進行的動作等於尚沒有動作，沒有動作中當然也沒有去法，所以說「未去亦無去」。去法如果不在已去、未去，那麼就只剩下「去時」（正在去），但現在是相對於過去、未來而有的，離開「已去」、「未去」不可能有正在去。因此「去時亦無去」。

已明去時之不可得，龍樹再從「去時」與「去法」兩概念的關係上辨「去時」「去法」之自性均不可得：

　　　　云何於去時，而當有去法。若離於去法，去時不可得。若言去時去，
　　　　是人則有咎。離去有去時，去時獨去故。若去時有去，則有二種去。
　　　　一謂為去時，二謂去時去。〔註16〕

〔註13〕印順：《中觀論頌講記》（臺北，正聞出版社，2000年），頁82。

〔註14〕同前註，頁79。

〔註15〕《中論》，大正三十冊，No.1564，P3c。

〔註16〕同前註，P4a。

時間是依運動建立的，所以離開運動，時間也不可得。如果說離開「去」的動作而有「去時」，這樣就等於說時間可以不依運動而建立，運動也可以沒有時間性。龍樹認爲這樣的說法是不對的，所以說「是人則有咎」。

二、〈物不遷論〉思想探究

（一）〈物不遷論〉的旨趣

今本肇論以〈物不遷論〉列爲第一篇，〈不眞空論〉列於第二，第三篇是〈般若無知論〉，第四篇是〈涅槃無名論〉。元康據今本的次序說：

> 此下四論……明教也。四論四章，即明四教。第一〈物不遷論〉明
> 有，申俗諦教；第二〈不眞空論〉，明空，申眞諦教；第三〈般若論〉，
> 明因，申般若教；第四〈涅槃論〉，明果，申涅槃教。明此四法，申
> 彼四教，釋迦一化，理斯盡矣。〔註17〕

說〈不眞空論〉明空，並無問題。但說〈物不遷論〉明有，則尚有待商榷。按〈物不遷論〉原文並沒有說此論宗旨在明俗諦教，相反的，文中明白地說「不遷」是「眞說」，而不是導俗之談：

> 談眞有不遷之稱，導俗有流動之說。傷夫人情之惑也久矣，目對眞
> 而莫覺。〔註18〕

可見僧肇認爲「不遷」是流動相的眞際，因此對僧肇來說，論物之「不遷」是申眞諦教，而非申俗諦教。如細尋〈物不遷論〉的思理，與〈不眞空論〉實無二致——〈物不遷論〉於動靜之際，反覆倡言「不釋動以求靜」故「雖靜而不離動」；〈不眞空論〉於有無之辨，屢言「即物之自虛」，故「非離眞而立處，立處即眞」。〈物不遷論〉「不釋動以求靜」與〈不眞空論〉「即物之自虛」的思想是一致的，都是說不離現象說諸法眞際。〈物不遷論〉「雖靜而不離動」與〈不眞空論〉「非離眞而立處，立處即眞」一樣，都是證成諸法眞際是「即僞即眞」（眞俗不二）的，以動靜問題來說就是「即動即靜」。李潤生《僧肇》一書，對「物不遷說」有這樣的理解：「萬有『非眞』，不眞故空。今正可沿此理路，說明『動非眞動』，故物不遷」。〔註19〕

考諸梁・慧皎所撰《高僧傳・僧肇傳》所載《肇論》的寫作次序，則與

〔註17〕唐・元康：《肇論疏》，大正四十五冊，No.1859，P166c。
〔註18〕僧肇：〈物不遷論〉，大正四十五冊，No.1858，P151a。
〔註19〕李潤生：《僧肇》，頁162。

今本不同：

> 肇以去聖久遠，文義多雜。……因出大品之後，肇便著〈波若無知論〉。……肇後又著〈不眞空論〉、〈物不遷論〉等。并註《維摩》，及製諸經論序。並傳於世，及什之亡後，追悼永往，翹思彌屬，乃著〈涅槃無名論〉。〔註20〕

如果按照慧皎之說，〈物不遷論〉次於〈不眞空論〉，是僧肇論著的第三篇作品。Richard H. Robinson 根據〈般若無知論〉、〈不眞空論〉和〈物不遷論〉使用假言三段論法的純熟度，判斷〈物不遷論〉的著成年代確乎應該在〈般若無知論〉和〈不眞空論〉之後。〔註21〕這樣〈般若無知論〉明因，申般若教；〈涅槃無名論〉明果，申涅槃教；〈不眞空論〉及〈物不遷論〉明般若智所證之諸法實際，申眞諦教。如此四論也可自成體系，不一定要像元康所說的由「俗諦教」（〈物不遷論〉）入於「眞諦教」（〈不眞空論〉）。

　　徵諸僧肇立說的精神，都是即僞即眞，即動即靜的。施之於二諦，也是即俗諦即眞諦，是「二言未始一，二理未始殊」的，因此說眞諦俗諦無異。〔註22〕在〈不眞空論〉及〈物不遷論〉中，都從眞俗二諦反覆推論，並不是〈不眞空論〉只談眞諦，〈物不遷論〉只談俗諦的，因此眞諦教與俗諦教也不必分成兩篇論述。

　　般若中觀學說主要是為了破斥法體實有的學說。為了更眞確地瞭解〈物不遷論〉的旨趣，我們不妨重申說一切有部的法體實有說。有部分析現象事物，直到不能再分析的最後單位——極微，有部學者認為這就是諸法的本體，現象事物是和合的假有，因此現象是依法體（極微）的和合而現起，此即假依實說，這是中觀學派不能承認的，〈不眞空論〉上承般若學說，以「非有非無」「即僞即眞」來否定本體的存在（詳見上章）。

　　法體（極微）是有部學者橫向分析諸法所得的最後單位。不僅如此，有部學者還縱向地說法體恆存於過去、現在、未來三世，也就是說同一的法體可以通過過去，進入現在，流向未來。運動作用也依此而產生，因為運動是指一物體從一地轉移到另一地，在空間的轉移中，也包含了時間的三世流轉。舉例來

〔註20〕梁・慧皎《高僧傳》，大正五十冊，No.2059，P365a。
〔註21〕Richard H. Robinson 著，郭忠生譯：《印度與中國的早期中觀學派》，頁248～258。
〔註22〕僧肇〈不眞空論〉：「故經云：眞諦俗諦謂有異耶？答曰無異也」，大正四十五冊，No.1858，P152b。

說，把盆栽從室內移到室外，要花三分鐘，在第二分鐘的當下看第一分鐘是過去，看第三分鐘是未來。如果根據說一切有部的學說，他們雖也說諸行無常，但無常是約諸法作用的起滅，而法體是「三世一如，從來沒有差別」〔註23〕的。這樣構成盆栽的法體就可以通過第一第二第三分鐘而毫無改變，這樣，就等於說有同一的盆栽可以從室內移置室外，運動實有說於焉成立。

中觀學派不能接受「法體實有，三世恆存」的主張，因此藉著對運動的辨破，來否定「法體實有，三世恆存」說。這點也應該被僧肇接受，這樣〈物不遷論〉就是透過對運動的否定，來否決法體的三世一如，而從法性空寂的角度說動靜。

印順法師在《中觀論頌講記》中認為龍樹的「八不」（不生不滅、不常不斷、不一不異、不來不出）乃觀察緣起的自性，八事不可得，是勝義的八不觀，是依第一義諦說的。〔註24〕其中「不生不滅」關乎有（現象）無（本體）的問題，僧肇在〈不真空論〉中加以討論；「不來不出」是針對實有論者的運動說而提出反駁，僧肇以〈物不遷論〉來討論。因此，我認為〈不真空論〉是橫向的、平面的以「空」化掉法體的執著；〈物不遷論〉是縱向的、立體的以「不遷」來否定法體的三世恆存。兩篇論文都是明真諦教，並不是〈不真空論〉明真諦教，〈物不遷論〉申俗諦教。

（二）即動求靜──言去不必去

眾生的生死交謝、四時的寒暑迭遷，是人們經驗到的事實，因此凡夫認為流動變遷是真實的。但是，凡夫執實有流動之法，在般若學者看來，當然是不能成立，所以僧肇認為不然。《般光般若經》曾說：「諸法不動搖故，諸法亦不去，亦不來，亦無有住處」，〔註25〕據此，僧肇建立物「不遷」的學說：

> 放光云：法無去來，無動轉者。尋夫不動之作，豈釋動以求靜！必求
> 靜於諸動，故雖動而常靜。不釋動以求靜，故雖靜而不離動。〔註26〕

般若經所說的「不去」、「不來」、「不住」，不是否定去、來、住等事象，而是否定把去、來、住作為實有的定法來執著。一如「非有」、「非無」不是否定現象，而是否定本體的執著一樣（詳見上章）。諸法性空也不是離開現象來說

〔註23〕同註13。
〔註24〕同前註，頁55。
〔註25〕《放光般若經》，大正八冊，No.221，P32c。
〔註26〕同註18。

諸法眞際，而是「非離眞而立處」，因此在動靜問題的討論上，也不是離開動來說靜，所以說「尋夫不動之作，豈釋動以求靜」！必須即動求靜才能見「動而常靜」。僧肇再引一經一論作爲「即動求靜」的論證：

> 《道行》云：語（應作諸）法本無所從來，去亦無所至。《中觀》
> 云：觀方知彼去，去者不至方。斯皆即動而求靜以知物不遷，明
> 矣。〔註27〕

《道行般若經》的原文是：「空本無所從來，去亦無所至」。〔註28〕因此，所謂諸法「無所從來，去亦無所至」，並不是說現象世界中無去來的事相，而是從本體空寂的角度來否定實有自性的去來法，所以說「諸法無所從來，去亦無所至」，並不是離開去來的動相而說不去不來，而是即去來之動相而說不去不來，也就是僧肇所說的「即動而求靜」。

《中觀》云：「觀方知彼去，去者不至方」乃隱括《中論・觀去來品》，原文說：「已去無有去，未去亦無去，離已去未去，去時亦無去」。〔註29〕「已去」即動作的過去式，「未去」即動作的將來式，「去時」是動作的進行式，《中論》從三時觀察，實有自性的去法均不可得。但龍樹對去法的辨破並不是離開「去」的動作來討論，而是緊扣「去」的動作的三時來討論，所以是不離「去」的現象而否定實有自性的「去法」。

《道行般若經》及《中論・觀去來品》都是不離去來的動相而說不來、不去。這便成爲僧肇建立「即動而求靜」的「物不遷說」的理論依據。

（三）物各性住於一世

執法體實有論者，雖也承認物象有變動流轉，但法體卻是「三世一如」，毫無差別（印順說），因此先破「三世一如」，則執法體實有論者的運動實有說可以不攻而破。僧肇在《註維摩詰經》所說：「法若常住，則從未來到現在，從現在到過去。法逕三世則有去來也，以法不常住，故法無去來也」。〔註30〕所以僧肇辨破「實有動法」的方法，就是先破法體的「三世一如」。

僧肇以一般人的流動觀作爲論證的起點，而最終推論到「物不相往來」，由此建立「物不遷」的學說：

〔註27〕同前註。
〔註28〕《道行般若經》，大正八冊，No.224，P473c。
〔註29〕同註15。
〔註30〕僧肇：《註維摩詰經》，大正三十八冊，No.1775，P347a。

> 夫人之所謂動者，以昔物不至今，故曰動而非靜。我之所謂靜者，
> 亦以昔物不至今，故曰靜而非動。動而非靜，以其不來，靜而非動，
> 以其不去。……既知往物而不來，而謂今物而可往，往物既不來，
> 今物何所往。〔註31〕

一般人認爲事物有流動變遷，是因爲過去的事物不能延展到今天，譬如說好
景不常，盛年不再，死生新故，凡此都是事物的流轉變動，因此凡夫認爲是
「動而非靜」。但僧肇認爲，正因爲「昔物不至今」，過去的事物不曾延展到
今天，所以說「靜而非動」。過去的事物（往物）不能延展到現在（不來），
可見現在的事物也不能伸展到未來，所以說「往物既不來，今物何所往」。這
樣，僧肇已初步把「今物」鎖定在今天的時空，不得往來。接著他又說：

> 求向物於向，於向未嘗無，責向物於今，於今未嘗有，於今未嘗有，
> 以明物不來。於向未嘗無，故知物不去。覆而求今，今亦不往，是
> 謂昔物自在昔，不從今以至昔。今物自在今，不從昔以至今。〔註32〕

過去的事物在過去的時空中的確曾經存在過，但卻不能延展到今天，譬如良
辰好景曾經存在於過去的時空，但今天可能已經是人去樓空；又譬如昔日是
青春少艾，今天已經是白髮蒼顏。在今天的「人去樓空」、「白髮蒼顏」中再
也找不到昔日的「良辰好景」與「青春少艾」，可見昔日的事物不會延續到今
天，所以說「於今未嘗有，以明物不來」。但「良辰好景」、「青春少艾」在過
去卻是眞實的存在過，可知「物不去」。每一個「向物」都曾經是「今物」，
因此透過論證「向物」的不來、不去，便可推知「今」物也是不來、不去的。
所以得到「昔物自在昔」、「今物自在今」的結論。

今、昔如推到極致，就是刹那生滅，在未生起時是未來，刹那生起是現
在，刹那而滅就成爲過去：

> 故仲尼曰：回也見新，交臂非故。如此則物不相往來，明矣。既無
> 往返之微朕，有何物而可動乎。〔註33〕

事物都在刹那間生滅變化，以新代故，過去的就成爲過去，並不能延續到現
在，現在也不能伸展到未來，因此一物不能恆存於三世，所以說「不來，故
不馳騁於古今」；昔物自在昔，今物自在今，所以說「不動，故各性住於一世」。

〔註31〕同註18。
〔註32〕同前註。
〔註33〕同前註。

「各性住於一世」、「不馳騁於古今」，可見在過現未三世中並無同一的不變的本體，這樣「三世一如」的法體實有說就被否決。因此一物從前一剎那過渡到後一剎那，已經是以新代故，故自在故而不動，新自在新而不去，此中並無同一的本質從前一剎那的時空過渡到後一剎那的時空，因此一物從一時空遷移到另一時空的運動並不存在，「物不遷」說於爲成立。基於此，僧肇舉例說：

> 人則謂少壯同體，百齡一質。徒知年往，不覺形隨。是以梵志出家，白首而歸，鄰人見之曰：「昔人尚存乎。」梵志曰：「吾猶昔人，非昔人也。」所謂有力者負之而趨，昧者不覺。〔註34〕

梵志出家，白首而歸，鄰人以爲「昔人尚存」，是因爲鄰人認爲「少壯同體，百齡一質」，不知道變化之塗不一暫停，剎那之間已捨故趣新，前人非後人，此中並無同一不變的「體」「質」，今自在今，昔自在昔，故曰「吾猶昔人，非昔人也」。由此推到極致，必然得到「旋嵐偃嶽而常靜，江河競註而不流。野馬飄鼓而不動，日月歷天而不周」〔註35〕的結論。前嵐非後嵐，前嵐自在前，不從前而來後，後嵐自在後，不從後以去前，如此，旋嵐雖動而常靜，動不離靜。依此而言，江河競註、野馬飄鼓、日月歷天，都是即動即靜，雖動而常靜的。

（四）即靜見動——稱住不必住

既否定了實有的動法而說「物不遷」，但是僧肇所說的「各性住於一世」也不是實有一住法可得，否則，就違反「無常」的聖教了。所以說：

> 聖人有言曰：人命逝速，速於川流。是以聲聞悟非常以成道。緣覺緣離以即眞。苟萬動而非化，豈尋化以階道。〔註36〕

「無常」是佛陀的教誡，也是聲聞、緣覺所共證的眞理，因此如果執著有實法的「不遷」，也是不能了達僧肇「物不遷」說的眞正旨趣，李潤生說：「『物不遷說』雖然得以建立，可是在僧肇的思想之中〈物不遷論〉卻並不以建立「物不遷說」爲其宗趣。何則？佛教的精粹，實在於破邪而顯正；中觀思想，在於不著二邊而高履中道」。〔註37〕因此人說有實在的動法，僧肇則以「物不

〔註34〕同前註。
〔註35〕同前註。
〔註36〕同前註。
〔註37〕同註19，頁185。

遷」來破斥之，但說「不遷」又不能執爲實在的「住法」：

> 是以言去不必去，閑人之常想。稱住不必住，釋人之所謂往耳。豈
> 曰去而可遷，住而可留也。〔註38〕

「言去」是爲了去除人的常見，凡夫聽到「無常」的道理，又於「無常」處起執著，以爲實有「無常」的定法。聖人爲了去除凡夫對「無常」的執著，於是又說「常」，所以「稱住」也是爲了去除人的執著。所以「言去」不是說實有去法，「稱住」也不是實有住法，並不是破除去法而執著實有住法。稱去、稱住只是對機說法，都是去除凡夫對於實有去法或實有住法的執著：

> 人之所謂住，我則言其去。人之所謂去，我則言其住。然則去住雖
> 殊，其致一也。故談眞有不遷之稱，導俗有流動之說。〔註39〕

動靜、去住言雖不同，卻都是本性空寂，當體即空，所以說「去住雖殊，其致一也」。因此導俗則說有物流動，談眞則說「物不遷」，「不遷」也不是定住，而是動而常靜，靜而常動的即動即靜：

> 是以言常而不住，稱去而不遷。不遷，故雖往而常靜。不住，故雖
> 靜而常往。雖靜而常往，故往而弗遷。雖往而常靜，故靜而弗留矣。
> 〔註40〕

言「常」並無一恆常不變的本體，故無有實在的「住法」；稱「去」並無一實在的「去法」。因此「去」「住」都是建立在緣起性空上，這樣才能即動常靜，即靜常動，動靜不二，印順法師說：「從無性的緣起上說，動靜相待而不相離。僧肇的物不遷論，就是開顯緣起的即動即靜，即靜常動的問題。一切法從未來來現在，現在到過去，這是動；但是過去不到現在來，現在在現在，並不到未來去，這是靜。三世變異性，可以說是動；三世住自性，可以說是靜。所以即靜是動的，即動是靜的，動靜是相待的，從三世互相觀待上，理解到刹那的動靜不二。但這都是在緣起的假名上說，要通過自性空才行，否則，等於一切有者的見解」。〔註41〕

　　僧肇〈物不遷論〉既然是建立在性空的緣起法上，因此他所說的「不去」、「不住」，可以與〈不眞空論〉的「非有」、「非無」作同樣的理解——「非有」

〔註38〕同註18。
〔註39〕同前註。
〔註40〕同前註。
〔註41〕同註13，頁82～83。

是說萬物當體即空，無有定法作為萬物的本體；「非無」是指萬物因緣和合的宛然有象。依此理路理解〈物不遷論〉，則「不去」是說實有的去法不可得，當體即空；「不住」是指緣起的遷動相宛然而有，故去而不遷（無實有的去法），住而不留（緣起的動相是有），即動（動相）而常靜（去法不可得故曰靜），即靜而常動（住法亦不可得故常動）。

（五）果不俱因明不遷

「昔物自在昔」，不從今以至昔。「今物自在今」，不從昔以至今。這樣昔物（前物）今物（後物）之間的關係是怎樣呢？我們以梵志出家的例子來說：今天的梵志不是昔日的梵志，只是猶似昔日的梵志而已。那麼，我們要問，今天的梵志與昔日的梵志到底有甚麼關連，他們是同一的梵志，還是完全不同的兩個人呢？僧肇以因果關係來解說明今天的梵志，與昔日的梵志的關係是不滅不來的：

> 果不俱因，因因而果。因因而果，因不昔滅。果不俱因，因不來今，
>
> 不滅不來，則不遷之致明矣。〔註42〕

中觀學派認為在因果關係中，有「因先而果後」的特性，〔註43〕因此僧肇說「果不俱因」。因果雖然不同時，但果卻是眾因緣會合而生起的，所以說「因因而果」。譬如把泥造成壺，要有水、陶泥、輪盤、陶窯、火還有陶工等因緣會合而成。但在已經燒成的壺中，卻沒有水、陶泥等，可見「果不俱因，因不來今」。但並不能說水、陶泥等因緣已滅，因為因緣滅而有果生，果便成了無因而生起的。有果必有因，故說「因因而果」，「因不昔滅」而相續繼起以生果。「果不俱因」即「昔物自在昔，不從今以至昔」。「因不昔滅」、「因不來今」即「今物自在今，不從昔以至今」。不滅即因不昔滅，不來即因不來今，因不昔滅又不來今，故「不遷之致明矣」。如果以梵志出家的故事來說，在今天的梵志身上已不具有昔日的梵志的年青特質，這就是果不俱因、因不來今；但是今天的梵志（果）是由於有昔日的年青梵志（因）而相續變化而來的，這就是因因而果，因不昔滅。所以今天的梵志與昔日的梵志的關係是不滅不來的。僧肇為了申明「因不昔滅」，再引儒家、道家之說以證成：

> 是以如來，功流萬世而常存，道通百劫而彌固。成山假就於始簣，

〔註42〕同註18。

〔註43〕印順：《中觀論頌講記》，頁364：「因先而果後，這是因果間必有的特性」。

修途託至於初步，果以功業不可朽故也。〔註44〕

因為「因不昔滅」，故功業「在昔不化」而常存。成山必假就於始簣，修途必託至於初步，沒有最初的始簣、初步（因），就沒有最後的成山、修途（果），故果必因於因。但因不來今，因果不同時，則因果之間的關係又如何成立呢？僧肇在此沒有正面解答，而元康《肇論疏》作了補充說明：「果以功業不可朽故者，……皆前功不朽，後功相續，方成其事耳」。〔註45〕所以因雖不昔滅又不來今，卻能相續繼起而生果，以「修途託至於初步」為例，千里之路，可能要走 n 步，第 n 步依於 n-1 步，n-1 步依於第 n-2，如是一直往後追溯，第二步依於「初步」，「初步」自在昔而不是直接來到最後一步，但第二步必須依「初步」（因）而續起，如此輾轉相續而到達最後一步（果），最後一步不是「初步」，故曰「果不俱因」，但最後一步卻是依「初步」的輾轉相續而成，故曰「因因而果」。因此初步自在昔，最後一步自在今，各性住於一世，是謂「不遷」。但步步相續繼起而走完千里修途，因此是即靜而常動，即動而常靜的。所以僧肇作出結語說：

然則乾坤倒覆，無謂不靜。洪流滔天，無謂其動。苟能契神於即物，

斯不遠而可知矣。〔註46〕

所謂「契神於即物」，也就是說了達諸法性空，即物自虛的非有非無的般若性空，就能了悟動靜不二，即動即靜的「物不遷」說。

小結：從玄學到《肇論》動靜觀的深化與開展

在動靜問題的討論上，王弼、郭象乃至僧肇的運動說，都是建基在有無之辨的見解上。王弼建構以「無」為本的本體世界，因此在動靜問題上，他認為現象世界的紛紜萬象，雷動風行，變化萬千，一切都在不息的變動中，而在變動的背後，卻有一「寂然至無」的大靜為其根本。但作為本體意義的「靜」，並不能理解為與動相對的靜止，而是隱含「動靜不二」的意義。

郭象「自生」說的提出，認為萬物的存在，背後並不需要一超越本體作為根據，這樣，萬物便成了無本體的存在。基於這樣的認定，因此郭象的形下世界是刻刻遷流，不一暫停的，交一臂而失之，皆在冥中去矣。此中並無

〔註44〕同註18。

〔註45〕同註17，P170b。

〔註46〕同註18。

一寂然至靜的本體作爲現象變動的根源。

小乘佛教的說一切有部，也說諸行無常，但無常是就諸法作用的起滅，而法體是三世一如，從來沒有差別，也可以說是「用動而體靜」的。般若中觀學派的努力就是在於消解有部對本體的執著。《肇論》的著作乃是爲了解釋般若學說，因此也致力於對本體的破斥。在有無之辨上，他提出「即僞即眞」「當體空寂」。在動靜之辨上，他提出「物不遷」說。「不遷」（靜）不是作爲運動的本體而提出，而是在於破實有動法的執著。他的眞正旨趣在於證成即動常靜、即靜常動的「動靜不二」說。

若以王弼的動靜學說與僧肇的動靜說對觀，王弼的「寂然大靜」已經蘊含了「動靜不二」的理境。但此理在王弼尙未明白提出，而在〈不眞空論〉中，則成爲了僧肇要努力論證的見解。但僧肇即靜即動的動靜不二說，不再是以本體意義的「寂然大靜」爲歸趣，而是動靜均統攝於無自性空的學說架構之下。

在玄學、般若學的發展來看，兩者同樣走上否定本體的方向。就郭象與僧肇的動靜說比較，兩者也有極其相似的部分：

一、郭象否定了寂然至無是運動的本體。僧肇否定了三世一如的實有論者的運動說，因此僧肇的運動說也是無本體的。

二、郭象說「故不暫停，忽已涉新」又說「向者之我，非復今我也，我與今俱往，豈常守故哉！而世莫之覺，橫謂今之所遇可係而在，豈不昧哉」（齊物論注）。郭象已經意識到「今我」非「向者之我」，又說「今之所遇不可係而在」，依此而推，郭象應該也承認「昔物自在昔」「今物自在今」的說法，這樣便與僧肇的「物不遷說」並無二致，但是這一思想畢竟要到僧肇才能完全顯豁，而郭象則尙在芽發的階段。

此外，郭象於「新」與「故」、「向者之我」與「今我」之間如何連繫一問題，似未嘗致意。而僧肇於此，則以因果相續的原理來說明昔物（因）與今物（果）的連繫，一方面可以證成「昔物自在昔」而不遷（靜）的前題，另一方面又可以說明世俗起滅變動的現象。成功地建立即動即靜，動靜不二的學說。

可見僧肇的動靜學說是融合了王弼、郭象動靜思想的進一步發展，把王弼本體論意義下蘊含的動靜不二思想，收歸於無自性空的學說思想下言動靜之不二。把郭象「向者之我，非復今我」的思想，更推進一層，言「物不遷」。「物不遷」與「動靜不二」實爲「物不遷論」的論說宗旨，而此一思想又可視爲對玄學兩大思想的融合和發展。

第五章 〈涅槃無名論〉思想探討

第一節 思想的淵源

「涅槃」的梵文是 nirvāṇa，是「熄滅」的意思，比喻煩惱的熄滅。在煩惱大海中解脫而得大自在，這是佛教修行者共同的終極目標。然而對「涅槃」是否有體（實體）相（形相）的問題，佛教部派有不同的看法。因為以龍樹為代表的般若中觀學主要是破法體實有學者的意見，而說一切有部是持法體實有說的代表學派，因此本文在探討般若中觀學派及僧肇的涅槃觀之前，先略述說一切有部的涅槃實有說。

一、問題的溯源──說一切有部的涅槃實有說

由於說一切有部主張「三世實有，法體恆存」，因此它的「涅槃」思想也自然是一種「自性實有論」。雖然說「涅槃」是離繫、有漏法，〔註1〕不生，可是，它不單是消極的不生，而是屬於另一種擇滅無為的實有法，因此，作為「涅槃」的法體（滅法體）也應該是恆存的。〔註2〕《順正理論》卷十七記述了說一切有部的「涅槃」說：

> 如何無體，可立法名？如何說無於無中勝？現見諸法有自相者，輒

〔註1〕 漏是煩惱的別名，含有漏泄和漏落二義：貪瞋等煩惱，日夜由六根門頭漏泄流注而不止，叫做漏；又煩惱能使人漏落於三惡道，亦叫做漏，所以有煩惱之法就叫做有漏法。世間的一切有為法，都是有煩惱的有漏法。

〔註2〕 黃俊威：〈佛教涅槃理論的後現代詮釋〉（佛光大學宗教文化研究中心，第一屆宗教文化國際學術會議發表論文）。

> 轉相望，說有勝劣，未見有說兔角、空花，輾轉相望安立勝劣。是
> 故決定別有涅槃，能持自相，故名爲法。此於餘法，其體殊勝，故
> 涅槃體實有義成。〔註3〕

在這段引文中，說一切有部分兩層論證「涅槃」有體相：（一）一法必須有實體才可以立名，要是「無體」，如何可立法名。（二）佛教各派都認爲「涅槃」於諸法中爲最優勝。但分別諸法之優劣，必須根據諸法之「自相」輾轉比較，才能說孰優孰劣。譬如兔角、空花等無體相的東西，我們於此根本不能分別孰優孰劣。因此，如果說涅槃於諸法中最優勝，就必須承認涅槃有體相。所以「涅槃體實有義成」。

涅槃既然有體，那麼與其他法比較，它的優勝處又在那裡呢？《大毘婆沙論》記述有部的說法：

> 一切中唯有涅槃之實，是善是常，無餘爾名同類。謂所餘之法：有
> 善非常；有常非善，有二俱非，涅槃獨俱善與常二義。是名爲獨不
> 同類。〔註4〕

說一切有部認爲，與其他法比較，涅槃是善是常，而餘法則有善有不善，有常有不常，或二者俱無，故「涅槃」於諸法中最爲殊勝。然而，說一切有部雖然認爲「涅槃」有體相，但卻說「涅槃」離於言說：

> 此法自性實有，離言，爲諸聖者各別內證。但可方便總相說言，是
> 善是常，別有實物，名爲擇滅，亦名離繫。〔註5〕

說一切有部分析諸法而得到五位六十七法，五位就是：（一）色法；（二）心法；（三）心所法；（四）心不相應行法；（五）無爲法。前四類屬有爲法，有爲法可以言說，但「涅槃」屬於無爲法，故離於言說。說「涅槃」是善是常，只是屬於方便說。有部又把無爲法分爲三種：虛空無爲、擇滅無爲、非擇滅無爲。「涅槃」屬於擇滅無爲，所以說名爲「擇滅」。離繫則指煩惱息滅後的自在境界。

二、中觀學派對涅槃實有說的消解

說一切有部涅槃有體相的學說主要建基在他們「三世實有，法體恆存」

〔註3〕《阿毘達磨順正理論》，大正二十九冊，No.1652，P431b。
〔註4〕《阿毘達磨大毘婆沙論》，大正二十七冊，No.1545，P162b。
〔註5〕《阿毘達磨俱舍論》，大正二十九冊，No.1558，P34a。

的法體實有論上。中觀學派不承認法體實有而提出緣起性空的學說。關於「涅槃」的體相問題，中觀學派也同樣不接受說一切有部「涅槃有體」的意見。

中觀學派認爲說一切有部「涅槃有體」說的關鍵在於認爲涅槃是「有所住」「有所得」，所以才會討論到「有體」「無體」、「有相」「無相」的問題。〔註6〕因此龍樹在「緣起性空」的原則下，說涅槃「無所得」「無所住」，《中論‧觀涅槃品》說：

> 無得亦無至，不斷亦不常，不生亦不滅，是說名涅槃。〔註7〕

龍樹以「無得」「無至」、「不斷」「不常」、「不生」「不滅」三對六不說涅槃，其實就是以八不來理解「涅槃」。「不生亦不滅，不常亦不斷，不一亦不異，不來亦不出」〔註8〕的八不緣起法，就是觀察生滅、斷常、一異、來出（或說來去）八事之自性不可得。以此八事觀察涅槃，也是了不可得，換言之，「涅槃」是無有實體，體相空寂的。因此「涅槃」也是如幻如夢，《大智度論‧釋幻人聽法品》說：

> 須菩提語諸天子：我說佛道如幻如夢，我說涅槃亦如幻如夢，若當有法勝於涅槃者，我說亦復如幻如夢。何以故？諸天子，是夢幻涅槃不二不別。〔註9〕

「諸天子」此一現象是如夢如幻的存在，並無實體，涅槃也是如夢如幻，無有實體。佛道如幻如夢，涅槃亦如幻如夢，若有法勝於涅槃亦如幻如夢，一切法畢竟空寂。「涅槃」無有體相，故不落言詮，不可言說：

> 涅槃名一切著滅，一切憶想。非有非無，非物非非物，譬如燈滅，不可論說。外曰：誰得涅槃，是涅槃何人得。內曰：無得涅槃，我先說如燈滅，不可言：東去，南西北方四維上下去。涅槃亦如是，一切語滅，無可論說。是無所有，誰當得者，設有涅槃，亦無得者。
> 〔註10〕

「涅槃」無有體相，非有非無，非物非非物，離於有無二邊，不可言說。黃俊威在〈佛教涅槃理論的後現代詮釋〉一文說：「（涅槃）是一種『不落言詮、滅諸戲論』的直觀境界。因此，任何邏輯或因明上的『有體』『無體』；『有相』

〔註6〕　同註2。
〔註7〕　《中論》，大正三十冊，No.1564，P34c。
〔註8〕　同前註，P1b。
〔註9〕　《大智度論》，大正二十五冊，No.1509，P449a。
〔註10〕　《百論‧破常品》，大正三十冊，No.1569，P180c。

『無相』的分析，都不能直達『涅槃』的眞相」。〔註11〕

第二節　〈涅槃無名論〉思想探討

　　僧肇〈涅槃無名論〉共有九折十演。第一節「開宗」是全文的總綱。第二節「覈體」至第七節「妙存」，反覆辯論「涅槃無名」的主題。第八節「難差」後，論及三乘修證的頓漸問題。因此本文在章節安排上，把〈涅槃無名論〉分三節討論：（一）〈涅槃無名論〉的旨趣；（二）涅槃無名無說；（三）涅槃平等無差別；（四）涅槃的修證。

一、〈涅槃無名論〉的旨趣

　　「開宗」是全文的總綱，提綱挈領，總括全文大旨。「涅槃無名」的主要論點，都在這一節提出。本節分三點論述「涅槃無名」：（1）依名釋義；（2）涅槃無體相；（3）涅槃非有非無。〔註12〕本文即依此科判展開本節的討論。

　　（1）依名釋義：有餘涅槃和無餘涅槃是小乘佛教對於涅槃的基本劃分，在〈涅槃無名論〉中，一開始便是順著這樣的傳統展開他對於涅槃的新觀點：

> 經稱有餘涅槃、無餘涅槃者，秦言無爲，亦名滅度。無爲者，取乎
> 虛無寂寞，妙絕於有爲。滅度者，言其大患永滅，超度四流。斯蓋
> 鏡像之所歸，絕稱之幽宅也。而曰有餘無餘者，良是出處之異號，
> 應物之假名耳。〔註13〕

僧肇指出「涅槃」的意譯有「無爲」、「滅度」二義。「無爲」是相對於「有爲」而言，指「涅槃」超絕一切因緣和合的有爲法。「滅度」則是相對於煩惱而言，證入「涅槃」則一切煩惱息滅，故言「大患永滅」。「四流」元康說是指欲流、有流、無明流、見流，〔註14〕「涅槃」則超離四流，煩惱永不生起。

　　「涅槃」又分「有餘涅槃」和「無餘涅槃」兩類。依小乘佛教的說法，阿羅漢惑業已盡，生死已了，而身體尚在，名「有餘涅槃」，待到依身亦亡，

〔註11〕同註2。
〔註12〕本節的科判乃筆者參考慧達《肇論疏》、元康《肇論疏》及李潤生《僧肇》的科判而成。
〔註13〕僧肇：〈涅槃無名論〉，大正四十五冊，No.1858，P157c。
〔註14〕元康：《肇論疏》，大正四十五冊，No.1859，P192a。

則名「無餘涅槃」。然而僧肇並不採此說，他認爲「有餘涅槃」「無餘涅槃」只是「出處之異號，應物之假名」。諸家注疏均認爲僧肇是以感應義來劃分有餘、無餘涅槃。〔註15〕慧達認爲有餘無餘只是本跡之殊，同無名相，故俱是假號。〔註16〕憨山大師《肇論略疏》說得更清楚：「機感必應即現身說法，故爲出。緣畢而隱，攝相歸體，故爲處」。〔註17〕徵諸〈般若無知論〉「用即寂，寂即用，用寂體一」之說，「有餘涅槃」便是應物之「用」，也就是慧達所說的「跡」、憨山所說的「相」；「無餘涅槃」即「寂」，也就是慧達所說的「本」、憨山所說的「體」。但「用寂體一」，因此「有餘涅槃」「無餘涅槃」也就體一無異，只是「出處之異號，應物之假名」，不能名二而異於涅槃。這樣，僧肇就把「有餘涅槃」的相，攝歸「無餘涅槃」之體，因爲「用即寂，寂即用，用寂體一」，所以用寂體一，本跡不二，無有分別。因此「有餘涅槃」與「無餘涅槃」只是一種示現而已。

（2）涅槃無體相：涅槃有「有餘」、「無餘」之分，那麼，涅槃之體相，是否也有「有餘」、「無餘」之別呢？說一切有部以善、常來界說涅槃，《中論》以「無得」「無至」、「不斷」「不常」、「不生」「不滅」來指示涅槃，僧肇〈涅槃無名論〉又是怎樣詮說涅槃呢？

> 夫涅槃之爲道也，寂寥虛曠，不可以形名得，微妙無相，不可以有心知。……隨之弗得其蹤，迎之罔眺其首，六趣不能攝其生，力負無以化其體。潢漭惚恍，若存若往，五目不睹其容，二聽不聞其響。冥冥窈宦，誰見誰曉。彌綸靡所不在，而獨曳於有無之表。〔註18〕

「涅槃」之道，寂寥虛曠，其體寂滅，離於名字相，亦離心緣，故不可以形名得，不可以有心知。無常大力能負萬物，而不能變化涅槃之體，可見「涅槃」無體。漠漠漭漭不知邊際，忽忽恍恍無定處所，不當有無，故非有非無，不可以定名。「五目不睹其容，二聽不聞其響」以明「涅槃」離於色、聲，無

〔註15〕 慧達：《肇論疏》：「明餘無餘，此即略標感應義也」，卍續藏一五○冊，頁416。元康《肇論疏》：「聖人出則爲有餘，處則爲無餘。應見出者爲之出，應見處者爲之處，故云應物耳」，同前註。文才《肇論新疏》：「應物而有，不應則無，以故爲假」，大正四十五冊，No.1860，P230a。

〔註16〕 慧達：《肇論疏》：「本跡雖殊，有餘無餘俱是假號」，卍續藏一五○冊，頁416。

〔註17〕 釋德清：《肇論略疏》，卍續藏九十六冊，頁312。

〔註18〕 同註13。

有形相。「涅槃」雖然無體無相，而彌綸無所不在，非有非無，而又超脫於有無之外。〔註19〕

「涅槃」既然無體無相，非有非無，離於色聲，故名言心知不可懸度，言語道斷，因此說：「言之者失其真，知之者反其愚，有之者乖其性，無之者傷其軀」。〔註20〕僧肇並以為這正是釋迦初成道，於三七日中思惟不說法的原因。又以《維摩詰經》文殊師利問維摩詰何等是不二法門，維摩詰默然無言一事為經證。

在《維摩詰經‧入不二法門品》中，維摩詰問眾菩薩何等是菩薩入不二法門。眾菩薩一一述說之後，文殊師利問維摩詰何等是菩薩入不二法門，時維摩詰默然無言。僧肇注曰：「有言於無言，未若無言於無言，所以默然也。上諸菩薩措言於法相，文殊有言於無言，淨名無言於無言，此三明宗雖同，而跡有深淺，所以言後於無言」。〔註21〕法相無所言說，而非言不能傳，故眾菩薩措言於法相。文殊知法相不能言，故言「一切法無言，無說，無示，無識，離諸問答，是為入不二法門」，〔註22〕這就是「有言於無言」。既已有言矣，猶不及「無言於無言」，故默然無言，才能真正契合法相。所以說「此三（言於法相、有言於無言，無言於無言）明宗雖同，而跡有深淺」。因此〈涅槃無名論〉說：「斯皆理為神御，故口以之默。豈曰無辯，辯所不能言也」。〔註23〕「涅槃」無體無相，道超有無，離於形名心知，理中無言，言之者失其真，故曰「涅槃無名」。可見，僧肇對於涅槃體相的理解，基本上是沿襲自中觀學派的涅槃觀的，也就是言語道斷，心行處滅的涅槃觀。

（3）涅槃非有非無：既然涅槃體相不可言說，那麼，涅槃到底是有還是無呢？〈涅槃無名論〉說：

> 論曰：涅槃非有，亦復非無，言語道斷，心行處滅。尋夫經論之作，豈虛構哉！果有其所以不有，故不可得而有，有其所以不無，故不可得而無耳。何者？本之有境，則五陰永滅，推之無鄉，而幽靈不竭。〔註24〕

〔註19〕同註17。
〔註20〕同註13。
〔註21〕僧肇：《注維摩詰經‧入不二法門品》，大正三十八冊，No.1775，P399b。
〔註22〕同前註。
〔註23〕同註13。
〔註24〕同前註。

僧肇所稱引的是《中論‧觀涅槃品》大意,《中論》頌說:「受諸因緣故,輪轉生死中,不受諸因緣,是名為涅槃。如佛經中說,斷有斷非有,是故知涅槃,非有亦非無」。〔註25〕一切有為法,均是因緣和合而有,因緣離散而無。緣起之有為法,必然有生、住、異、滅的老死相。「涅槃」不受諸因緣,五陰永滅,故無老死相。五陰永滅,不再流轉生死,故非有為法,故曰「果有其所以不有,故不可得而有」。「涅槃」雖然非有,但推之無鄉,則幽靈不竭,靈知獨照,故不可說「涅槃」是無。因此,「涅槃」是斷除實有實無,不落有無二邊,非有非無。

經過以上的層層推衍,僧肇以涅槃不可言說作為歸結:「涅槃」乃是眾聖證悟的太玄之境,無體無相,非有非無,言語道斷,心行處滅,非是形名心知所能詮表,故曰「有無絕於內(涅槃之體非有非無),稱謂淪於外(言語道斷,心行處滅)」。〔註26〕因此欲以「有」「無」標其方域,則不能真契於妙道,是故「涅槃無名」。

二、涅槃無名無說

從「覈體第二」至「妙存第七」,僧肇假託「有名」「無名」展開對「涅槃無名」說的論難。論難主要圍繞「覈體」、「徵出」、「搜玄」三個主題展開。

「有名」先就「涅槃」之體發難,認為「名號不虛生,稱謂不自起」因此「涅槃」乃「返本之真名,神道之妙稱」,〔註27〕經稱「有餘涅槃」「無餘涅槃」,是以依身是否尚存而論。「有餘緣不盡,餘跡不泯,業報猶魂,聖智尚存,此有餘涅槃也」,〔註28〕換言之,難者認為佛陀雖然證道,而色身尚存,稱為「有餘涅槃」。若「至人教緣都訖,靈照永滅,廓爾無朕,故曰無餘」,〔註29〕也就是以至人「灰身滅智,捐形絕慮」〔註30〕為「無餘涅槃」。「無餘涅槃」灰身滅智,譬如燈滅,五陰永盡,不受後有,可以名為「無」。但是「有餘涅槃」形跡俱在,則應名為「有」。所以難者詰難說:「無名立,則宗虛者欣尚於沖默。有稱生,則懷德者彌仰於聖功。……而曰有無絕於內,稱謂淪於

〔註25〕 同註 7,P35b。
〔註26〕 同註 13。
〔註27〕 同前註,P158a。
〔註28〕 同前註。
〔註29〕 同前註。
〔註30〕 同前註。

外，……使夫懷德者自絕，宗虛者靡託」。〔註31〕文才《肇論新疏》認爲「宗虛者」乃是指二乘行人（聲聞乘、緣覺乘）本好空寂，故依名求實而入「無餘涅槃」；「懷德者」則是指大乘菩薩性好立德，故依名求實而仰於「有餘涅槃」。〔註32〕現在僧肇說「涅槃無名」，則使大小乘行人無所依循而悟入。所以難者指責僧肇說：「子徒知遠推至人於有無之表，高韻絕唱於形名之外，而論旨竟莫知所歸」！〔註33〕

　　難者以爲「有餘涅槃」與「無餘涅槃」是「返本之眞名，神道之妙稱」，僧肇針對這種「名必有實」的論調，〔註34〕提出「有餘涅槃」「無餘涅槃」只是「涅槃之外稱，應物之假名」，〔註35〕他的理由是：

> 存稱謂者封名，志器象者耽形。名也極於題目，形也盡於方圓。方圓有所不寫，題目有所不傳，焉可以名於無名，而形於無形者哉！
> 〔註36〕

執著名言者受到名言的封限，執著形相者受到形相的限制。而名相有所盡，世間物象非方則圓。而「涅槃」妙體，非有非無，無名無說，不可言傳，故曰「題目有所不傳，焉可以名於無名」。方圓均有形可形，而「涅槃」無形，故不可「形於無形」。既然名所不能名，形所不能形，而稱「有餘涅槃」「無餘涅槃」者，只是「假名」而不是「眞名」、「妙稱」。

　　針對難者以爲「有餘涅槃」是佛陀的教緣未盡，而「無餘涅槃」則是教緣已盡的意見，僧肇認爲難者實不聞正觀之說：

> 維摩詰言：我觀如來無始無終，六入已過，三界已出。不在方，不離方。非有爲，非無爲，不可以識識，不可以智知，無言無說，心行處滅。以此觀者，乃名正觀。以他觀者，非見佛也。放光云：佛如虛空，無去無來，應緣而現，無有方所。〔註37〕

如來生相已盡，滅相又亡，故無始無終。證得無漏智慧，超出三界。非有非無，無有方所，不可以凡夫心識分別而認知。應物現形，如水中月，故能「居

〔註31〕同前註。
〔註32〕文才：《肇論新疏》，大正四十五冊，No.1860，P231b。
〔註33〕同註13。
〔註34〕李潤生：《僧肇》，頁193。
〔註35〕同註13，P158b。
〔註36〕同前註。
〔註37〕同前註。

方而方，止圓而圓，在天而天，處人而人」。〔註 38〕因此「有餘」「無餘」之稱都是本於無名的「涅槃」（「涅槃」本不可言說）。所以「有餘」「無餘」都只是「涅槃」應物之假名，而「涅槃」之體不可以有無得之。

「有餘」「無餘」隱顯雖殊，而其源則一。「佛言：吾無生不生，雖生不生。無形不形，雖形不形」，〔註 39〕可見色身尚存之「有餘涅槃」，不能視之為「有」；「經云：菩薩入無盡三昧，盡見過去滅度諸佛」，〔註 40〕可見教緣已訖的「無餘涅槃」不可視之為「無」。然則「涅槃」之道非有非無。超於有無，故不可以形名得，所以說「涅槃無名」。

最後，僧肇指出「法身無象，應物而形」，因此聖人教化眾生只是應緣而現，紜紜自彼，聖人則無慮無為，所以「智周萬物而不勞，形充八極而無患」。因此聖人現跡教化（有餘涅槃）不以為累，入「無餘涅槃」也只是一種示現，並不如難者所說的「灰身滅智」大患永滅。〔註 41〕

僧肇認為「涅槃」非有非無，故不可言說。難者則緊扣「非有非無」發難，這就是九折的第二番「徵出」的折辯。難者認為「有」「無」二法乃相待而成。「有」是相對於「無」而言，同樣「無」也是相對於「有」而說。而且，「無」是「有化而無，無非無也」，因此「無」不是斷滅空無。又，無為法有三種：就是虛空無為、數緣盡無為（即擇滅無為）、非數緣盡無為（即非擇滅無為）。而數緣盡無為即是「涅槃」。因此「有為」「無為」二法統攝世間一切法，所以僧肇說「涅槃」非有非無，似有未安，他責難說：

> 經曰：有無二法，攝一切法。又稱三無為者：虛空、數緣盡、非數緣盡。數緣盡者，即涅槃也。而論云：有無之表，別有妙道，妙於有無，謂之涅槃。請覈妙道之本：果若有也，雖妙非無，雖妙非無，即入有境。果若無也，無即無差，無而無差，即入無境。總而括之，即而究之，無有異有而非無，無有異無而非有者，明矣。而曰有無之外別有妙道，非有非無謂之涅槃，吾聞其語，未即於心也。〔註 42〕

〔註 38〕 同前註。又此段解釋參考文才《肇論新疏》及憨山《肇論略疏》。
〔註 39〕 同前註。
〔註 40〕 同前註。
〔註 41〕 僧肇：〈涅槃無名論〉，難者曰：「夫大患莫若於有身，故滅身以歸無。勞勤莫先於有智，故絕智以淪虛。然則智以形倦，形以智勞，輪轉修途，疲而弗已。……所以至人灰身滅智，捐形絕慮。內無機照之勤，外息大患之本，超然與群有永分，……其猶燈盡火滅，亭明俱竭，此無餘涅槃也」。同前註，P158a。
〔註 42〕 同前註，P159a。

僧肇說「涅槃」非有非無，難者理解爲：在「有無之表，別有妙道」。依此推論，他認爲如果這妙道是有的話，則雖然微妙終究非無，因此已經落入有爲法一邊。如果此妙道是無的話，則與無爲法無別。因此難者總括而言，認爲一切法不是有爲就是無爲，不能說「有無之表，別有妙道」，因爲一旦這樣說，還是落入有爲、無爲二邊。

僧肇認爲有無二法雖然統攝一切法，但其所統，只是俗諦而已，眞諦則不是有無二法所能統攝：

> 有無之數，誠以法無不該，理無不統，然其所統，俗諦而已。經曰：
> 眞諦何耶？涅槃道是。俗諦何耶？有無法是。何則？有者有於無，無者無於有。有無所以稱有，無有所以稱無，然則有生於無，無生於有。離有無無，離無無有。有無相生，其猶高下相傾，有高必有下，有下必有高矣。然則有無雖殊，俱未免於有也。……良以有無之數，止乎六境之內，六境之內，非涅槃之宅，故借出以祛之。〔註43〕

難者以「有爲」「無爲」總攝現起與非現起的一切法，換言之，他認爲現起與非現起都是一種存在，緣起的有爲法當然是存在，非緣起的無爲法也是存在，因此把「涅槃」歸入「數緣盡」的無爲法中，所以難者所理解的「無爲」只是與緣起的「有爲」法相對的非緣起法，而不是現象的有、無。僧肇站在中觀學派的立場，認爲存在的就是現起的。〔註44〕因此，「有」是指一現象的存在，「無」是指一現象的消失，但不管是「有」是「無」，都是指向現象的存在與否而言，因此「言有言無，皆俗諦有法」，〔註45〕也就是說現象的「有」「無」都是在六境之內說的。〔註46〕六境之內既是俗諦法，故「非涅槃之宅」。六境既非涅槃，所以說「涅槃」出於有無之外，而所謂「出於有無之外」，其實只是要說明「涅槃」非有非無，不是眞的說在有無之外尙有妙道，憨山大師《肇論略疏》說：「涅槃之道超出有無者，良以有無之名止乎六境根塵之內，以根塵生滅之法，非涅槃不生不滅之致，故假借一出字以遣執迷之情耳。始非出此之外別有一有可居也」。〔註47〕因此僧肇認爲經典所說的三種無爲法，只是「借無以明其非有」，用以遣眾生的執有，「明其非有，非謂無也」，所以

〔註43〕同前註，P159b。
〔註44〕印順：《中觀論頌講記》，頁52。
〔註45〕同註14，P196b。
〔註46〕六境指現象世界的色、聲、香、味、觸、法等六種對象。
〔註47〕同註17，頁319。

不能又執著爲無。總之,「涅槃」之道就是非有非無,但卻不是離有無之外別有妙道。

難者以爲「涅槃」之道,既不出有無,又不在有無。這樣,既不可在有無得之,又不可離有無求之,求之無所,而又不有不無,其道何在?這就是第三番「搜玄」的折難。

僧肇認爲「涅槃」本來不可言說,因爲言說之生,起於形相,「涅槃」無形相,故無所言說。〔註48〕但「涅槃」之道非言不傳,故姑且言之,聽者幸能「無心而受,無聽而聽」(不執著於名言),則「吾當以無言言之」:

> 淨名曰:不離煩惱而得涅槃。天女曰:不出魔界而入佛界。然則玄
> 道在於妙悟,妙悟在於即眞。即眞即有無齊觀,齊觀即彼己莫二。
> 所以天地與我同根,萬物與我一體。〔註49〕

僧肇的「涅槃」觀是緊扣著〈不眞空論〉「即僞即眞」的性空緣起觀說的。「即僞即眞」故有非定有(非有),無非定無(非無),非有非無而又不離於有無。眞諦以明非有,俗諦以明非無,而眞諦俗諦不一亦不異(詳見第三章第二節),因此說「即眞即有無齊觀,齊觀即彼己莫二」。天地萬物與我同是本性空寂,了不可得,故曰「同根」、「一體」。因爲眞諦俗諦不二,故不離煩惱(俗諦)而得涅槃(眞諦),不出魔界(俗諦)而入佛界(眞諦)。僧肇在本論中就「非有非無」而又「不出有無」再作補充說明:

> 處有不有,居無不無。居無不無,故不無於無。處有不有,故不有
> 於有。故能不出有無,而不在有無者也。〔註50〕

聖人證悟諸法實相,故不以有爲實有,不以無爲實無。不以無爲實無,故不落入斷滅的頑空之中。不以有爲實有,故不落入常見之中。而說有說無,都是「即萬物之自虛」,不是在有無之外說空,而是「非離眞而立處,立處即眞」,故能不出有無而又不執著於有無。

再則,「涅槃」妙境,乃是聖人以無知之般若,照無相之境,則相與都無,「物我冥一,怕爾無朕」,更不可責「涅槃」於有無之內,又不可徵之於有無之外,而是不即有無(非有非無)不離有無(不出有無)。

〔註48〕僧肇〈涅槃無名論〉:「夫言由名起,名以相生,相因可相,無相無名,無名無說,無說無聞」。同註13,P159b。
〔註49〕同前註。
〔註50〕同前註。

三、涅槃平等無差別

　　在「難差第八」中，難者以爲「涅槃」既然非有非無，不出有無，應是究竟之道，妙一無差。然而《放光般若經》卻說：三乘之道，皆因無爲而有差別。聲聞、緣覺、菩薩三乘行人皆證「涅槃」，而經言「皆因無爲而有差別」，換言之，三乘行人分別證入不同的「涅槃」。又佛曾說昔爲菩薩時，名曰儒童，於然燈佛所，已入涅槃，儒童菩薩時於七住初獲無生忍，進修三位。也就是說在大乘菩薩的修證中，七地菩薩已入涅槃，但是尚要進修八地、九地、十地，始得圓滿。換言之，七地已上，八、九、十地的涅槃境界各有不同。因此難者責問說：「涅槃一也，則不應有三。如其有三，則非究竟，究竟之道而有升降之殊，眾經異說，何以取中耶」？〔註51〕

　　僧肇肯定「涅槃」是究竟之道，理無差別。說三乘之道，皆因無爲而有差別，是就行人根基深淺說，並不是有三種「涅槃」：

　　　　法華經云：第一大道無有兩正。吾以方便爲怠慢者，於一乘道分別說三。三車出火宅，即其事也。以俱出生死，故同稱無爲，所乘不一，故有三名，統其會歸，一而已矣。……放光云：涅槃有差別耶？

　　　　答曰：無差別。但如來結習都盡，聲聞結習不盡耳。〔註52〕

《妙法蓮華經·化城品》云：佛因爲求道者中路懈廢，意欲退轉，故以方便力，於一乘道分別說三。〔註53〕三車出火宅，義引《法華經·譬喻品》，經云：長者大宅失火，三子耽於玩樂，故以羊車、鹿車、牛車引之出火宅。及離險境，賜以大寶車。〔註54〕三乘俱出生死火宅，故「同稱無爲」，所乘之車不同，故名有三乘之別。文才《肇論新疏》云：「能乘之人隨所乘之法，不一而有三名，所歸之理唯一無二」，又說：「三差在機不在於理」，〔註55〕憨山大師說：「此言三乘會歸一極」。〔註56〕也就是說「涅槃」唯一無二，三乘行人根機不一，「智鑒有淺深，德行有厚薄」，故「如來結習都盡，聲聞結習不盡」，但同登彼岸則唯一無二，異自三乘人根機不同，並不是「涅槃」有三。

　　僧肇說「涅槃」無有差別，差別在於三乘行人的根機不同。因此難者就

〔註51〕同前註，P159c。

〔註52〕同前註。

〔註53〕《妙法蓮華經》，大正九冊，No.262，P19a。

〔註54〕同前註，P12c。

〔註55〕同註32，P237b。

〔註56〕同註17，頁321。

能證之人與所證之境是一是異而興起「責異第十」的問難：

> 彼岸則無爲岸也，我則體無爲者也。請問我與無爲，爲一爲異？若我
> 即無爲，無爲亦即我，不得言無爲無異，異自我也。若我異無爲，我
> 則非無爲，無爲自無爲，我自常有爲，冥會之致，又滯而不通。然則
> 我與無爲，一亦無三，異亦無三。三乘之名，何由而生也？〔註57〕

若我與「涅槃」（無爲）是一，則「無彼此之分，故不可言異自於我」。若我
異於「涅槃」（無爲），則「我是眾生，自屬有爲，故非無爲」，無爲自無爲，
我自常有爲，「無爲有爲條然各別」，則難以通會。因此「若生死涅槃本來平
等，一際如此，既一則畢竟無三。若生死與涅槃本來不同，則生死自生死，
涅槃自涅槃，何有三乘之設」？〔註58〕故責難說：「三乘之名，何由而生」？

　　僧肇答曰：「止此而此，適彼而彼，所以同於得者，得亦得之，同於失者，
失亦失之。我適無爲我即無爲，無爲雖一何乖不一」。〔註59〕「此」指迷、「彼」
指悟。意謂「迷時涅槃即生死，悟時生死即涅槃」，〔註60〕僧肇以此駁斥難者
「有爲無爲各別不通」之說。憨山大師疏釋說：「此言生死涅槃本無二致，迷
悟同源，以人證法，法則在人，故曰我適無爲，我即無爲。人大則法亦隨大，
機小則法亦隨小。是則無爲雖一，何妨因人而有三耶」？〔註61〕

　　僧肇又以「三鳥出網，同適無患之域」的比喻回答難者的問難。「出網而
同適無患之域」比喻「涅槃」，「三鳥」比喻「能證涅槃的三乘人」：

> 譬猶三鳥出網，同適無患之域，無患雖同，而鳥鳥各異。不可以鳥
> 鳥各異，謂無患亦異。又不可以無患既一，而一於眾鳥也。然則鳥
> 即無患，無患即鳥，無患豈異，異自鳥耳。〔註62〕

三鳥出網，同適無患之域，無患是一，但不能因三鳥均無患而說三鳥是一，
故云「不可以無患既一，而一於眾鳥」。雖然我是有爲法，但「我適無爲，我
即無爲」，換言之，鳥是有爲，無患之域是無爲，鳥適無患之域，則鳥即無爲，
這是對難者有爲無爲各別，不可會通的答覆。同時也肯定了「我適無爲，我
即無爲」的論題。鳥鳥雖然各異，而鳥鳥同適無患之域則同，但是又不能因

〔註57〕同註13，P160a。
〔註58〕參考釋德清：《肇論略疏》，同註56。
〔註59〕同註57。
〔註60〕同註58。
〔註61〕同前註。
〔註62〕同註57。

為鳥鳥同適無患之域而說鳥鳥無別。因此三乘同出生死而證無為（涅槃），「我」適無為，所以「我即無為，無為即我」。但不能因為同證無為（無為無異），而說三乘無異，故云「異自我耳」。「我即無為，無為即我」也可以說成「無為即乘（我），乘（我）即無為」，可見「非我異無為」，只是三乘「鑒有淺深」，未能「盡無為」。因此「涅槃」是一非三，三自我也。

四、涅槃的修證

「詰漸第十二」以下，是討論「涅槃」修證的頓漸問題。難者認為眾生之塵勞繫累皆本於妄想，妄想既除，則萬累都息。二乘得盡智（漏盡智），菩薩得無生智，此時三乘行人應該「妄想都盡，結縛永除」而達到「涅槃」的境界。而「涅槃」乃究極之境，理無餘翳，因此不體道則已，體道則應窮微極妙，而僧肇說「涅槃」無有差別，只是「如來結習都盡，聲聞結習不盡」，這樣就是說聲聞「體（道）而未盡」，難者不能理會此中道理，故曰：「無為大道，平等不二，既曰無二，則不容心異，不體則已，體應窮微，而曰體而未盡，是所未悟也」！〔註63〕

僧肇認為「涅槃」無有差別，此理不容懷疑。但眾生煩惱深重，不可能頓盡，他說：

> 無為無二，則已然矣。結是重惑，可謂頓盡，亦所未喻。經曰：三箭中的。三獸渡河。中渡無異，而有淺深之殊者，為力不同故也。三乘眾生，俱濟緣起之津，同鑒四諦之的。絕偽即真，同升無為，然則所乘不一者，亦以智力不同故也。……其道無涯，欲之頓盡耶？書不云乎：為學者日益，為道者日損。為道者為於無為者也。為於無為而日日損，此豈頓得之謂。要損之又損之，以至於無損耳。〔註64〕

僧肇引用《老子》「為道日益，為道日損」的說法，印證佛教修行者欲證「涅槃」之道，也必須日損其煩惱重惑，要損之又損，以至於妄想都盡，才能盡「無為」，因此他認為頓盡之說，也是有所未悟的。但修證工夫上的漸修，並不妨礙「涅槃」的平等無差別性。

他列舉《毘婆娑論》的兩個譬喻作論證：〔註65〕三箭力度不同，故中的

〔註63〕同註13，P160b。

〔註64〕同前註。

〔註65〕《毘婆沙論》，大正二十八冊，No.1546，P445c。

有深淺，但標的是同一個，不會因為三箭力度不同而異。香象、馬、兔三獸同渡一河，香象盡底而渡，馬則或盡或不盡，兔則浮於水面而渡。「香象」喻佛，工夫圓熟，損之又損，以至於無損，結習都盡，故能盡於無為。「馬、兔」喻二乘行者工夫未深，結習未盡，故未盡無為。〔註66〕「河」喻「涅槃」（無為），同樣是一條河，或盡底或不盡底，不是河的不同而是三獸的體形不同。因此「涅槃」平等無二，因為三乘行人智力不同故有盡有不盡。

〈涅槃無名論〉中，僧肇曾引儒童菩薩於七地時，初證無生法忍，已入涅槃，後復進修三位。難者也就這點折難：經典說行者證入涅槃後，便體絕陰入，心智寂滅。而僧肇主張進修三位，而所謂進修就是要求「積德彌廣」。但有存積德之心，就有所好尚涉求，取善捨惡。既以「取捨為心，損益為體」，而又說「體絕陰入，心智寂滅」，這豈不是互相矛盾嗎？

僧肇認為難者只是以凡夫的取捨欣尚之心理解聖人，而不知聖人是「無為而無所不為」的：

> 經稱聖人無為而無所不為。無為故雖動而常寂。無所不為故雖寂而常動。……故逾寂逾動，所以為即無為，無為即為。動寂雖殊，而莫之可異也。道行曰：心亦不有亦不無。不有者，不若有心之有。不無者，不若無心之無。何者？有心則眾庶是也。無心則太虛是也。眾庶止於妄想，太虛絕於靈照。豈可止於妄想，絕於靈照，標其神道，而語聖心者乎！〔註67〕

「無為而無所不為」本出《老子》第三十七章，但要瞭解僧肇所說的「無為而無所不為」則要以〈般若無知論〉為基礎。般若聖智是在認識作用之前的覺照作用（詳見第一章）。凡夫的認識作用是由於能知取著所知產生種種分別而生起，因此說有心則是眾庶，眾庶則止於妄想。聖人雖然無取著妄想之知，但有靈明覺照之用，因此聖心是「不有（無取著妄相之知）亦不無（有靈照之用）」的。不有，故「心想都滅」，不無，故「理無不契」，所以〈般若無知論〉說：「（聖人）智有窮幽之鑒而無知焉。神有應會之用而無慮焉。神無慮，故能獨王於世表，智無知，故能玄照於事外。智雖事外，未始無事。神雖世

〔註66〕聲聞乘修四諦法而悟道，自凡夫至阿羅漢，速者三生，遲者六十劫。緣覺乘修十二因緣觀，自凡夫至辟支佛，速者四生，遲者一百劫。菩薩乘，修六度萬行圓滿，自他二利，最後果位是成佛，修行時間要經過三大阿僧祇劫。二乘以自利為宗旨，菩薩乘則以救世利他為宗旨，六度萬行究竟成就。

〔註67〕同註13，P160c。

表，終日域中，所以俯仰順化，應接無窮」。〔註68〕俯仰順化，應接眾生，這是動。神有應會之用而無慮，常居世表，這是靜。因此「神有應會之用而無慮」就是本論的「無爲故雖動而常寂」。「神雖世表，終日域中」就是本論所說的「無所不爲故雖寂而常動」。凡夫由妄取之認知而作出判斷，判斷而產生行爲，而凡夫之知是取相之知，故有所知則有所不知。由此有限制之知而產生的行爲也是有所爲則有所不能爲的。聖心無取相之知故能理無不契。神無慮而有感則應，故能無爲而無所不爲。而「無所不知」「無所不爲」的大用，則是由於聖心無知（無妄取之知）無爲（無造作妄爲），所以說「逾寂逾動」「爲即無爲，無爲即爲」。因此菩薩雖然進修三位，卻不是像難者所說的「以取捨爲心，損益爲體」，而是「無爲而無所不爲」的，因此「體絕陰入，心智寂滅」不妨礙「進修三位，積德彌廣」。

　　不但「心智寂滅」不妨礙「進修三位」，而且僧肇更認爲證入無爲（涅槃）之後才算是眞正的修行，他以儒僮菩薩爲例：

　　　儒僮曰：昔我於無數劫，國財身命施人無數，以妄想心施，非爲施也。今以無生心，五華施佛，始名施耳。〔註69〕

菩薩修行布施波羅密，目的是要斷除行者對於國財身命的執著。凡夫位菩薩未證無爲，故於所施之主體（我）、所施之物、所施之對象有所執取。舉例來說，以花布施，凡夫必須對花產生認知才可以說以花布施。但凡夫的認知本身就是能知取著所知而生起的，再加上對布施對象的種種分別才能完成布施的活動。因此，凡夫在以花布施的過程中，就充滿了種種執著，所以說「以妄想心施，非爲施也」。但聖者位菩薩已證無爲，已無取相之知，無所取著，才是眞正的布施，所以說「今以無生心，五華施佛，始名施耳」。因此，嚴格來說七地以上，證得無生忍，才能眞正實踐六度波羅密的修行。所以僧肇認爲菩薩修行到達七地（初入涅槃）之後，必須進修三位才能成佛。

　　「窮源」第十六，難者提出「涅槃」是有始有終還是無始無終的問題。他認爲「涅槃」是行者修證的境界，因此在時序上應該先有眾生而後才有「涅槃」，這樣「涅槃」就是有始，有始必然有終。但這又與經典所說「涅槃」無始無終矛盾。而且「涅槃」如果是無始無終的話，就是說「涅槃」先有，不是行者修證而成的。僧肇認爲非悟理不能成聖，而緣起空性非聖不能悟，既

〔註68〕僧肇：〈般若無知論〉，大正四十五冊，No.1858，P153b。
〔註69〕同註67。

－120－

悟理成聖，則聖與理不異。〔註70〕因此引《大品般若經》爲證：

> 天帝曰：般若當於何求。善吉曰：般若不可於色中求，亦不離色中求。

> 又曰：見緣起爲見法，見法爲見佛。斯則物我不異之效也。〔註71〕

文才《肇論新疏》說：「般若即能證之心，色即所證之境」。〔註72〕由於心境非一，故不可於色中求。但能證之心空寂，照見諸法也是緣起性空（色即是空），故不離色中求。佛是因爲證悟諸法性空而成佛，因此見諸法緣起性空即是見佛。能所皆空，故物我不異。所以說「涅槃之道，存乎妙契。妙契之致，本乎冥一。然則物不異我，我不異物。物我玄會，歸乎無極。進之弗先，退之弗後，豈容終始於其間哉」！〔註73〕「涅槃」之道就在於妙契諸法空性，而妙契之致，則在於泯滅主客的對立，使『能證之智』與『所證之理』契合爲一。既然到達「物不異我，我不異物」的境界，而緣起法性又是無始無終，故「物我玄會」同歸於無極。因此不能把「涅槃」與能證的人對立起來而求始終於其間。

難者認爲如果般若是「不離色中求」的話，那麼眾生是在五陰（即五蘊）內得「涅槃」，還是在五陰之外得「涅槃」呢？若說眾生在五陰之內得「涅槃」，則與經典「得涅槃者五陰都盡」的說法相違。若說眾生在五陰之外得「涅槃」，這又與「不離色中求」的說法相違。因此如果承認「不離五陰而得涅槃」，就必須承認「五陰不都盡」的說法，因爲如果說「五陰都盡」，則誰得「涅槃」呢？

僧肇認爲難者的問題在於把眾生與涅槃對立起來，不知即眾生即涅槃的道理，這樣才會以爲有眾生得涅槃。如果了悟「一切眾生，本性常滅」的道理，就知道所謂眾生得涅槃，其實本無所得，更不必問誰得「涅槃」了：

> 經曰：涅槃非眾生，亦不異眾生。維摩詰言：若彌勒得滅度者，一切眾生亦當滅度。所以者何？一切眾生本性常滅，不復更滅。此名滅度，在於無滅者也。然則眾生非眾生，誰爲得之者。涅槃非涅槃，誰爲可得者。……無所得謂之得者，誰獨不然耶？〔註74〕

「涅槃」名滅度，故「涅槃」非眾生，而眾生本性常滅，故「涅槃」亦不異眾生。就本性常滅一點而言，眾生以性空故，無能得之人，涅槃以離相故，

〔註70〕同註14，P199b。

〔註71〕同註13，P161a。

〔註72〕同註32，P241b。

〔註73〕同註71。

〔註74〕同前註。

無所得之法。憨山大師註釋得更清楚：「言得涅槃者，以眾生性空故，無能得之人。涅槃寂滅離相故，無可得之法。能所雙忘，故無所得為得。以無所得為得者，則一切諸法本來寂滅，不復更滅」。〔註75〕一切諸法本來寂滅，而有眾生、涅槃之別，只是由於著欲之故，著欲則為眾生，離欲則為涅槃，〔註76〕是故「涅槃非眾生，亦不異眾生」，不即五陰，亦不離五陰。

　　最後，謹借用黃俊威先生〈佛教涅槃理論的後現代詮譯〉中的一段文字來說明中觀學派的「涅槃」觀，〔註77〕這同時也是僧肇的「涅槃」觀：「龍樹的「涅槃」思想，其實正是一種「無相涅槃觀」。他反對任何對「涅槃」相狀的分析和研究，因為這樣做，便會在不自覺之間，把「世間」和「出世間」加以對立，而一個真正體證「涅槃」的人，是應該做到「般若無知」和「涅槃無名」的境界。如此，便可不落兩邊而歸於中道，故真諦＝俗諦，「空」＝假名有」，「第一義諦」＝「世俗諦」，所以，「世間」＝「涅槃」；也就是說，解脫必須在世間解脫，而沒有離開世間而獨存的涅槃，佛菩薩亦是不住兩邊；而以無上的大悲願力透顯出「無住涅槃」的大乘精神」。

〔註75〕同註17，頁326。
〔註76〕僧肇〈涅槃無名論〉：「夫真由離起，偽因著生。著故有得，離故無名。是以則真者同真，法偽者同偽」，同註73。
〔註77〕同註2。

第六章　從玄學到《肇論》言意觀的深化與開展

第一節　玄學對言意問題的討論

　　魏晉時代言象可否盡意的問題，一方面是從人物品鑒的名理論中轉出，
〔註1〕另一方面是針對著經典的注釋方式而提出。漢代經注的特色是詳於章
句訓詁，優點是對於經典的文字名物訓解詳博；缺點往往流於繁瑣沉冗，破
碎大道，有說五字之文，至于二三萬言者。〔註2〕這種注經方式到了東漢末
年已經被士子厭棄，故少年學士日以交遊爲業，不復以儒家經典爲學問之
本。〔註3〕因此到了建安之末，徐幹在其《中論》中提出嚴重的指責：

〔註1〕　湯用彤先：〈言意之辨〉一文（見《魏晉玄學論稿》）中說：「言意之辨實起
　　　　於漢魏間之名學，名理之學源於評論人物。」又說：「言意之辨蓋起於識鑒」。
　　　　此外，蔡振豐《王弼的言意理論與玄學方法》第一章〈魏初的形名之學及人
　　　　倫識鑒〉，以一專章來討論言意之辨如何從人倫識鑒中轉出的問題。
〔註2〕　《漢書・藝文志》說：「古之學者耕且養，三年而通一藝，存其大體，玩經文
　　　　而已，是故用日少而畜德多，三十而五經立也。後世經傳既已乖離，博學者
　　　　又不思多聞闕疑之義，而務碎義逃難，便辭巧說，破壞形體，說五字之文，
　　　　至于二三萬言，後進彌以馳逐，故幼童而守一藝，白首而後能言，安其所習，
　　　　毀所不見，終以自蔽，此學者之大患也。」（臺北，鼎文書局，1976年再版），
　　　　頁1723。
〔註3〕　《三國志・魏志》〈董昭傳〉記載董昭上疏陳末流之弊說：「竊見當今年少，
　　　　不復以學問爲本，專更以交游爲業。國士不以孝弟清修爲首，乃以趨勢游利
　　　　爲先」。《三國志・魏志》〈杜畿傳〉也說杜恕上疏云：「今之學者，師商韓而
　　　　上法術，競以儒家爲迂闊，不周世用。此則風俗之流弊。」可見漢末三國之

　　　鄙儒之博學也，務於物名，詳於器械，矜於訓詁，摘其章句而不能
　　統其大義之所極，以獲先王之心。此無異乎女史誦詩，內豎傳令也。
　　　故使學者勞思慮而不知道，費日月而無成功。〔註4〕

在這種要求「統其大義」、「獲先王之心」的要求下，對於注重名物章句訓詁
的注經方式就不得不重新反省。這就必須要面對言可否盡意的問題，也就是
說：如果言可以盡意，那麼漢儒的章句訓詁應該最能盡聖人之意，但事實上，
章句訓詁卻造成了破碎大道，不獲先王之心的後果，這樣就很自然地引導出
魏晉人「言不盡意」的想法。另一方面，人物品評本極玄微，也容易使人有
言不能盡意的看法。〔註5〕

　　言意問題在先秦典籍中，《周易・繫辭》及《莊子》都有提及。《周易・
繫辭》說：「書不盡言，言不盡意」。〔註6〕《莊子》說：「筌者所以在魚，得
魚而忘筌；蹄者所以在兔，得兔而忘蹄；言者所以在意，得意而忘言」。〔註7〕
此皆先秦典籍中有關言意問題的討論。《易傳》主張「言不盡意」，《莊子》則
主張「得意忘言」。這兩點都被魏晉玄學所接受。此外，魏晉時期又有「言盡
意」的主張，形成言意問題的三種不同意見。

　　魏晉時代關於言意問題的討論，目前可考察的相關文獻約有以下八種：
　　魏・荀粲：言象不盡意論，見《魏志・荀彧傳》注引何劭〈荀粲傳〉
　　魏・王弼：忘言忘象得意論，見王弼《周易略例・明象》
　　魏・嵇康：周易言不盡意論，見王應麟《玉海》卷三十六著錄
　　西晉・歐陽建：言盡意論，見《藝文類聚》卷十九引文
　　西晉・張韓（疑作翰）：不用舌論，見《藝文類聚》卷十七引文
　　東晉・王導：言盡意論，見《世說新語・文學》第二十一條
　　東晉・庾闡：蓍龜論，見《藝文類聚》卷七十五引文
　　東晉・殷融：象不盡意論，見《世說新語・文學》七十四條注引中興書。

　　際，士子已不尚儒術，認爲儒學迂闊，不切實用，這未嘗不是與當時的章句
　　之學繁瑣有關。
〔註4〕　徐幹：《中論・治學》（商務印書館四部叢刊正編第一八冊），頁8。
〔註5〕　言意之辨由人物品鑒轉出，而人物識鑒本極玄微，因此引起言不盡意之說，
　　　　這也是魏晉時代言不盡意說興起的原因之一。參考湯用彤：《魏晉玄學論稿》
　　　　之〈言意之辨〉一文。
〔註6〕　《周易・繫辭上傳》第十二章，宋・朱熹：《周易本義》（臺北，廣文書局，
　　　　1992年），頁120。
〔註7〕　《莊子・外物篇》，郭慶藩：《莊子集釋》，頁944。

　　嵇康的「周易言不盡意論」只見於王應麟《玉海》卷三十六著錄；王導的「言盡意論」在《世說新語‧文學》簡單一提；殷融的「象不盡意論」也只在《世說新語‧文學》七十四條注引中興書說：「（殷融）著象不盡意論、大賢須易論，理義精微，談者稱焉」，至於他的論說如何，則不得而知。因此可供具體討論的，只有荀粲「言象不盡意論」、王弼「忘言忘象得意論」、歐陽建「言盡意論」、張翰「不用舌論」、庾闡「象不盡意論」。荀粲、張翰主「言象不盡意論」；王弼、庾闡屬於「忘言忘象得意論」一派；而歐陽建則主張「言盡意論」。嵇康、王導、殷融的論說雖然不詳，但據篇名推測，也不出這三派的意見。嵇康、殷融持論應與荀粲一派相近；王導主張「言盡意論」，與歐陽建同調。因此歸納魏晉時代言意之辯的各家論說，大抵不出「言象不盡意」、「忘言忘象得意」、「言盡意」三種意見。再就各論的時代先後分析，「言盡意論」只出現於西晉，而「言象不盡意」、「忘言忘象得意」的主張卻橫跨魏與東晉，成為言意問題的主流學說。〔註8〕

一、言象不盡意論

　　主張「言象不盡意」論的，是荀粲，《三國志‧魏書》卷十〈荀彧傳〉注引《晉陽秋》載：

> 何劭為粲傳曰：粲字奉倩。粲諸兄並以儒術論議，而粲獨好言道。常以為「子貢稱夫子之言性與天道不可得聞。然則六籍雖存，固聖人之糠秕。」粲兄俁難曰：「易亦云聖人立象以盡意，繫辭焉以盡言，則微言胡為不可得而聞哉？」粲答曰：「蓋理之微者，非物象之所舉也。今稱立象以盡意，此非通于意外者也；繫辭焉以盡言，此非言乎繫表者也；斯則象外之意，繫表之言，固蘊而不出矣。」（俁）及當時能言者不能屈也。〔註9〕

此一談座發生在魏朝黃初、太平年間，與他對難的，乃是他的哥哥荀俁。表面上看，荀粲主張「言象不盡意」論，而荀俁主張「言象盡意」論。但實際上，荀粲雖然認為言象不可盡意，但言象與意的關係並不是完全分離。在回

〔註8〕林麗真認為「言不盡意」論是魏晉時代士人的主流思想，她在《魏晉清談主題之研究》說：「在荀（荀粲）、王（王弼）學說的傳播中，「言不盡意」論的影響實在很大，幾乎整個社會都在此一觀念的籠罩下。」（民國67年台大中文研究所博士論文，指導教授：何佑森教授），頁106。

〔註9〕《三國志‧魏書》卷十〈荀彧傳〉注引《晉陽秋》。

答其兄荀俣的責難時，他並不是說物象不可以盡理，而是說理之「微」者，非物象之所舉。此「理之微」者，根據上面所引的資料看，就是「性與天道」等言象之外的深微之理。

言意之辨既然由人物品鑒轉出，而人物鑒識有名理之學存焉，而名家原理在乎辨名形，然形名之檢，以形爲本，〔註 10〕此所以王弼有「名以定形」之說，〔註 11〕然而「性與天道」等深微之理，非「形」之所能限，故亦非言象之所能表詮。換言之，言外之理是言象所不能盡，但並沒有否認形器世界的可言說性。由於「性與天道」等深妙之理超於言象之外，因此立象以盡意，只能盡象內之意，不能通于意外。繫辭以盡言，也只是言內之意，不是繫表之言。而象外之意，繫表之言（即理之微者），固蘊而不出。

西晉的張翰對於言意問題，也採「言不盡意」的見解，其〈不用舌論〉說：

> 論者以爲心氣相駐，因舌而言：卷舌翕氣，安得暢理。余以留意于言，不如留意于不言；徒知無舌之通心，未盡有舌之必通心也。仲尼云：「天何言哉？四時行焉。」「夫子之文章可得而聞也，夫子之言性與天道，不可得而聞。」是謂至精，愈不可聞。樞機之發，主乎榮辱；禍言相尋，召福甚希。喪元滅族，沒有餘哀；三緘告愼，銘在金人。〔註 12〕

〈不用舌論〉的寫作動機旨在說明多言遭禍，不如三緘其口。論難的重心已由純粹的說理轉而爲說理與處世並談，但其論證言不盡意的根據，卻與荀粲一樣，都是引用《論語・公冶長》的文字。〔註 13〕據何晏《論語集解》注云：「文彩形質著見，可得以耳目脩也。性者，人之所受以生也。天道者，元亨日新之道也。深微故不可得而聞也」。〔註 14〕姑勿論何晏如何解釋性與天道，單就「文章」和「性與天道」的比較而言，他認爲「文章」是文彩形質著見，

〔註 10〕 湯用彤：〈言意之辨〉，見《魏晉玄學論稿》。
〔註 11〕 王弼《老子注》第二十五章。見樓宇烈：《王弼集校釋》，頁 63。
〔註 12〕 《全晉文》卷一〇七，見清・嚴可均校輯：《全上古三代秦漢三國六朝文》二（日本，中文出版社，1981 年三版），頁 12。
〔註 13〕 《論語・公冶長》：「子貢曰：『夫子之文章，可得而聞也。夫子之言性與天道，不可得而聞也。」見宋・朱熹：《四書集註》（臺北，學海出版社，1988 年），頁 79。
〔註 14〕 何晏：《論語集解》，見《四部叢刊正編》第二冊，（台灣商務印書館印行），頁 19。

可以由耳目得知；而「性與天道」深微不可由耳目知。「性與天道」之所以不可得而聞的理由，是因爲其理深微，由此，張翰得出「是謂至精，愈不可聞」的結論。

荀粲、張翰對言意問題的意見基本上是一致的，均認爲不可言傳的，只是「性與天道」等深微之理，而可由耳目知的文彩形質卻是可以言傳的，在這一層次上，持「言象不盡意」者並沒有完全割裂言意的關係，只是認爲理之深微處非言語所能表詮。

二、忘言忘象得意論

荀粲提出「言象不可盡意」論之後不久，正始之際的王弼提出「忘言忘象以得意」的主張。荀粲已經提出了「理之微者，非物象之所舉」的意見。既然理之精微處不是物象所能舉，那麼重要的是對於理之精微處的把握，而不是執著於言象的表相。因此王弼「忘言忘象以得意」的提出可以說是承接荀粲「言象不可盡意」論而繼續發展。

王弼在《周易略例・明象篇》說：

> 夫象者，出意者也；言者，明象者也。盡意莫若象，盡象莫若言。言生於象，故可尋言以觀象；象生於意，故可尋象以觀意。意以象盡，象以言著。故言者所以明象，得象而忘言；象者，所以存意，得意而忘象。猶蹄者所以在兔，得兔而忘蹄；筌者所以在魚，得魚而忘筌也。然則，言者，象之蹄也；象者，意之筌也。是故，存言者，非得象也；存象者，非得意者也。象生於意而存象焉，則所存者乃非其象也；言生於象而存言焉，則所存者乃非其言也。然則忘象者，乃得意者也；忘言者，乃得象者也。得意在忘象，得象在忘言。故立象以盡意，而象可忘也；重畫以盡情，而畫可忘也。〔註15〕

此段文字可以反映出兩點：一是言象與意的關係；二是王弼對於語言的態度。首先，王弼認爲意可以透過象來表出；象可以透過言來說明。盡意莫若象，盡象莫若言，因此尋繹言可以明白象，尋繹象可以知道意。象能盡意而言能明象。但言與象，象與意的關係卻又不是完全同一的，譬如說筌在於捕魚，蹄在於捕兔，筌、蹄代表言象，魚、兔代表意。筌可以捕魚，蹄可以捕兔，

〔註15〕王弼《周易略例・明象》，同註11，頁609。

就像言可以盡象，象可以盡意，但筌、蹄畢竟不等於魚、兔，因此言不等於象，象不等於意，它們只是表「意」的工具而不是「意」本身。

言、象、意三者既非完全同一，因此王弼認爲「存言者，非得象也；存象者，非得意者也」。存言不能得象，故要得象忘言；存象不等於得意，故重點在得意，得意而象可忘。〈明象〉篇的這段話說明了王弼注《易》的一個原則，因此，若落實在《易經》的注解上，則「觸類可爲其象，合義可爲其徵。義苟在健，何必馬乎？類苟在順，何必牛乎？爻苟合順，何必坤乃爲牛？義苟應健，何必乾乃爲馬？而或者定馬於乾，案文責卦，有馬无乾，則僞說滋漫，難可紀矣。互體不足，遂及卦變；變又不足，推致五行。一失其原，巧愈彌甚。縱復或值，而義元所取，蓋存象忘意之由也。忘象以求其意，義斯見矣」。〔註16〕這些話直斥漢代象數易的流弊，認爲只要把握到意義之所在，不必拘執於言象而使僞說滋漫。文中認爲「健」、「順」就是意，馬、牛就是象，〔註17〕但馬、牛一方面可以象徵健、順，但另一方面又不能盡健、順的全部義蘊，〔註18〕因此，只要把握到健、順的意思，則馬、牛等言象都可以不必拘執（忘言忘象以得意）。

與王弼意見相近的是東晉的庾闡，他著有〈著龜論〉，認爲著龜只是用以溝通神明的媒介而不能等同於神明，因此關鍵是在得神明之意，而對於著龜則大可不必拘執：

> 夫物生而後有象，有象而後有數，有數而後吉凶存焉。著者尋數之主，非神明之所存。龜者啓兆之質，非靈照之所生。……不可……神憑著通，又謂著爲神也。……且殊方之卜，或責象草木，或取類瓦石，而吉凶之應，不異著龜。此爲神通之主，自有妙會，不由形器。尋理之器，或因他方，不繫著龜。……亦猶筌雖得魚，筌非魚也；蹄雖得兔，蹄非兔也。是以象以求妙，妙得則象忘；著以求神，神窮則著廢。〔註19〕

〔註16〕同前註。

〔註17〕樓宇烈：《王弼集校釋》注，同前註，頁612。

〔註18〕牟宗三：《才性與玄理》，頁252說：「不可道之盡，乃啓發暗示之盡，指點之盡也。凡啓發暗示之盡，指點之盡，皆有餘而不盡。以有餘而不盡，故盡之者皆筌蹄也，皆可忘也。忘之而不爲其所限，則不盡之意顯矣。不忘而滯於象言，則不盡之意隱而泯矣。」

〔註19〕《全晉文》卷三十八，同註12，頁7～8。

蓍龜之用在於得神明之意，換言之，蓍龜是與神明溝通的憑藉，它只是一種工具，因此它可被替代，既然可被替代，則只要能把握神明之意，則蓍龜是可以廢去的。此一論說，與王弼「言者所以明象，得象而忘言；象者，所以存意，得意而忘象」的意見是一致的。

　　持「忘言忘象得意論」者，他們所謂的「意」並不是事象世界的意，而是《易》的深微不測之意。對於事象世界的意，王弼固未嘗說要忘言以得意，如《老子》二十五章注說：「名以定形」。三十二章注又說：「道，無形不繫，常不可名」。因此王弼、荀粲等玄學家，並不是一往的認為名言不能盡意，而是反省到名言的極限，名言對於現象世界可以耳聞目見的事象是有效的，但是對於「性與天道」、《易》理等深微之意卻不能完全闡發。也就是說，名言可盡的，只是形而下的意，對於形而上的意，固蘊而不出矣。

三、言盡意論

　　言意之辨影響魏晉玄學極大，主張忘言忘象以得意者如王弼，則表面上尊崇孔氏，實則陰崇老莊。更甚者，如荀粲主張言不盡意，則直以六經為糠秕，完全否定儒家經典的價值。影響所及，魏晉名士之立身行事也多以放達是務，不經世務，或以佯狂為自適。〔註20〕因此歐陽建便申「言盡意論」，欲以此糾正當日的流弊。其說曰：

> 夫天不言而四時行焉，聖人不言而鑒識存焉；形不待名而方圓已著，色不俟稱而黑白以彰；然則名之于物，無施者也；言之于理，無為者也。而古今務于正名，聖賢不能去言，其故何也？誠以理得于心，非言不暢；物定于彼，非言不辯。言不暢志，則無以相接；名不辯物，則鑒識不顯。鑒識顯而名品殊，言稱接而情志暢。原其所以，本其所由，非物有自然之名，理有必定之稱也。欲辨其實，則殊其名；欲宣其志，則立其稱。名逐物而遷，言因理而變，此猶聲發響應，形存影附，不得相與為二矣。苟其不二，則言無不盡矣。吾故以為盡矣。〔註21〕

根據上文，歐陽建的論證主要有三點：（一）形為名本。形不待名而有方圓，

〔註20〕言不盡意論及忘言忘象得意論對魏晉時代的學術思想及名士生活形態的影響，詳見湯用彤先生〈言意之辨〉一文，見《魏晉玄學論稿》。
〔註21〕《全晉文》卷一〇九，同註12，頁1。

－129－

色不待稱而有黑白。（二）名稱生於殊別。方圓黑白本無名稱，人類爲了辨別異同，於是稱等角等邊的四邊形爲「方」，以別於「圓」；稱素色爲「白」，以別於「黑」。名稱本來是起於約定俗成，但一旦定形之後，就不能隨意更改，方就是方，圓就是圓，不能稱圓爲方，稱方爲圓，如此「名逐物而遷，言因理而變」，如影隨形，不可移易。因爲名形、言理之間有了不可移易的關係，所以名可盡形，言可盡理。（三）由於名與形，言與理之間有了同一的相應性，因此可以作爲人類溝通的媒介，而達到「名品殊」、「情志暢」的效果。

據《世說新語·文學》載：「王丞相（王導）過江左，止道〈聲無哀樂〉、〈養生〉、〈言盡意〉三理而已」，[註22] 可見歐陽建「言盡意論」也頗有影響力。但王導之說如何，因爲資料不足，故不得而知，大抵也不出歐陽建的論說主旨。

綜觀魏晉時代對言意問題的特色有幾點：

一、不管是持「言象不盡意論」者、「忘言忘象得意論」者，還是持「言盡意論」者，都以「形爲名本」爲論說的起點。

二、持「言象不盡意論」或「忘言忘象盡意論」者，因爲「形爲名本」的設定，而「性與天道」或《易》理非形所能圍限，故有言象不盡意之說。持「言盡意論」者，基於「形爲名本」這一前提，認爲形與名、言與理之間有不可移易的同一性，因此主張「言盡意」說。兩者的分歧在於對於「意」的把握的不同。「言象不盡意論」及「忘言忘象盡意論」者所說不可以言象盡的「意」，是指「性與天道」及《易》理等形而上的深微之理。「言盡意」論者並沒有嚴格的界說「意」的函義，但就上述引文觀之，似仍停留於「現象事物」而言。而物象世界的可言說性並不是「言象不盡意」論者所欲否定的命題，因此「言象不盡意論」與「言盡意論」並沒有根本的衝突，關鍵點在於對「意」的把握不同，「言象不盡意」論者從「性與天道」的層次否定言、意的同一性；「言盡意」論者從「現象事物」的層次肯定言、意的同一性。

三、「忘言忘象得意」論者認爲言象與意之間沒有同一性，但是言象卻是得意的必要工具，因此重點只在透過言象來把握「意」，一旦把握到「意」，就不必再拘執言象。所以面對言象的態度猶如以指指月，目的是在使人循指望月，而不是執泥於指。

〔註22〕《世說新語·文學》第二十一條，見余嘉錫《世說新語箋疏》，頁211。

第二節　僧肇的言意觀

　　僧肇對於言意的問題並沒有正面地討論，只是消極地談到「涅槃」、「般若」或「諸法實相」的不可以言說。但我們還是可以透過這些言論來把握他對言意問題的態度。

一、無相則無名

　　僧肇在論證「涅槃無名」時，最重要的論點是「涅槃」無體無相，故不可以形名得：

> 夫涅槃之為道也，寂寥虛曠，不可以形名得，微妙無相，不可以有心知。……力負無以化其體，潢漭惚恍，若存若往。五目不睹其容，二聽不聞其響，冥冥窈冥，誰見誰曉，彌綸靡所不在，而獨曳於有無之表。然則言之者失其真，……斯皆理為神御，故口以之而默。豈曰無辯，辯所不能言也。〔註23〕

「力負無以化其（涅槃）體，潢漭惚恍，若存若往」數句，元康認為是說明涅槃無體，無邊際、無處所。「寂寥虛曠」「五目不睹其容，二聽不聞其響」明「涅槃」無形、無色、無聲。〔註24〕。無體、無相，無色、無聲，無邊、無際，無有處所，也可以總括為「非有」。但「涅槃」雖然「非有」，卻也不等於存有論上的虛「無」，所以說「非無」。不是有，也不是無，故「言之者失其真」。如〈涅槃無名論〉中說：「論曰：涅槃非有，亦復非無，言語道斷，心行處滅。有無絕於內，稱謂淪於外」。〔註25〕

　　不但「涅槃」非有非無不可言說，「般若」智非有非無，所以也同樣不可言說：

> 經云：般若義者，無名無說，非有非無，非實非虛，虛不失照，照不失虛。斯則無名之法，故非言所能言也。言雖不能言，然非言無以傳，是以聖人終日言而未嘗言也。……微妙無相，不可為有，用之彌勤，不可為無。不可為無，故聖智存焉，不可為有，故名教絕焉。〔註26〕

〔註23〕僧肇〈涅槃無名論〉，大正四十五冊，No.1858，P157c。
〔註24〕元康《肇論疏》，大正四十五冊，No.1859，P192b。
〔註25〕同註23。
〔註26〕僧肇：〈般若無知論〉，大正四十五冊，No.1858，P153c。

「般若」因爲「非有非無，非實非虛」故「無名無說」，也就是說「非有非無，非實非虛」是「無名」法，是言所不能言，所以說「不可爲有，故名教絕焉」。

「不可爲有」或「非有非無」故不可言說，這是否意味著如果是「有」是「無」就可以言說呢？對此〈涅槃無名論〉中也有稍爲積極的說明：

> 有無之數，誠以法無不該，理無不統，然其所統，俗諦而已。經曰：眞諦何耶？涅槃道是。俗諦何耶？有無法是。何則有者有於無，無者無於有。有無所以稱有，無有所以稱無，然則有生於無，無生於有，離有無無。離無無有。有無相生，其猶高下相傾，有高必有下，有下必有高矣。然則有無雖殊俱未免於有也。此乃言象之所以形，是非之所以生。豈是以統夫幽極，擬夫神道者乎？是以論稱出有無者，良以有無之數，止乎六境之內，六境之內，非涅槃之宅，故借出以袪之。〔註27〕

僧肇認爲有、無都是就現象的存在與否說的，因此有、無都可以統攝在「有」（現象界）之下，換句話說，就是有、無都是止於色、聲、香、味、觸、法六種現象之內而說的。舉例來說，一物（色）的存在，我們稱爲「有」，此物一旦失滅，就稱爲「無」，但不管是有是無，都是就此物（現象界之有）說的，所以說「有無雖殊俱未免於有（現象）也」。但「涅槃」非有非無，超越現象的有無，故不可言說。換言之，現象界的事物，因爲是在六境之內，是我們可以經驗的對象，所以是可以言說的，因此說「有」（現象）是「言象之所以形，是非之所以生」。

二、名不當實

僧肇對於名實是否完全相應這一問題，是站在本體與現象的關係來說的。說一切有部認爲名（概念）是現象的本體，這種學說當然不被中觀學者承認。僧肇認爲如果名（概念）是實（現象）的本體，那麼首先要確認的，就是名與實之間存在著完全的同一性，可是現象界的事物雖然可以言說，而名、實之間卻沒有完全的同一性：

> 物不即名而就實，名不即物而履眞。夫以名求物，物無當名之實，以物求名，名無得物之功。〔註28〕

〔註27〕同註23，P159a-b。
〔註28〕僧肇〈不眞空論〉，大正四十五冊，No.1858，P152c。

憨山大師注釋說：「說火談冰，豈有寒熱於齒頰，此物不即名以就實也。如呼龜毛兔角，豈有毛角以應求，此名不即物而履眞」。〔註29〕我們以燃燒的、有熱能的東西稱爲「火」（物），但當我們說「火」（名）時，並無灼熱的燃燒的感覺，可見「名」並不等於「實」，因此說「以物求名，名無得物之功」。因爲「名」不等於「實」，故名與實之間並不存在完全的同一性，這樣，「名爲實本」的說法便不攻自破。

　　不但在具體事物中，名、實不能有完全對應的關係，即使是抽象的事物，名、實也是無法同一的。如「美」這一概念（名），因文化、種族的不同而有種種差別，在此民族認爲是美的東西，而在另一民族卻可能以爲不可思議，因此共同認可的「美的東西」（物）實在無法提出，所以說「以名求物，物無當名之實」。僧肇分別從「以名求物」與「以物求名」兩方面論證名不當實與實不當名，可見名、實之間並不存在完全的同一性。

三、對言說的態度

　　僧肇認爲名、實之間並不存在著完全的同一性，因此一切言說都只是假名：

> 夫以名求物，物無當名之實，以物求名，名無得物之功。……故中
> 觀云：物無彼此，而人以此爲此，以彼爲彼。彼亦以此爲彼，以彼
> 爲此。此彼莫定乎一名，而惑者懷必然之志。……故知萬物非眞，
> 假號久矣。〔註30〕

僧肇以《中論》爲論證，認爲物本來沒有彼此之分，而人以此爲此，彼亦以此爲彼，「彼」「此」乃由於觀點與角度的不同而劃分，一旦角度轉換，「彼」「此」未嘗不可以代換，因此說「此彼莫定乎一名」。既然「彼」「此」不是眞實不變的名稱，那就只是「假號」（即假名）罷了。〔註31〕

　　因爲一切的言說只是假名，不是實說，所以對於言說的態度不主張拘執名言：

> 有餘無餘者，蓋是涅槃之外稱，應物之假名耳。……顯跡爲生，息

〔註29〕釋德清：《肇論略疏》，卍續藏九十六冊，頁297。
〔註30〕同註28。
〔註31〕在〈不眞空論〉中，假名的觀念是就本體之否定而提出的，因此在論證了名言無實體之後，僧肇接著提出「萬物非眞」的結論（詳見本文第三章第三節）。但本節旨在探討僧肇的言意觀，因此對「假名」與「萬物非眞」的論證從略。

跡爲滅。生名有餘，滅名無餘。然則有無之稱，本乎無名。〔註32〕

「涅槃」稱有稱無雖然只是應物之「假名」，卻是本於「無名」（涅槃之道）的，但因爲「假名」與「無名」之間無完全的同一性，所以對於言說的態度也是取其能指引悟入，而不能執著：

> 經曰：涅槃非法，非非法，無聞無說，非心所知。吾何敢言之。而子欲聞之耶？雖然善吉有言，眾人若能以無心而受，無聽而聽者，吾當以無言言之，庶述其言，亦可以言。〔註33〕

可以指涉之物尚且名不當實，何況非法非非法的「涅槃」？因此「涅槃」無聞無說，非心所知。但道非言不傳，故不得不言。然而對於言說的態度不能執著，聽者必須以「無聽而聽」，而言者亦以「無言言」。所謂「無言言之」，除了不執著名形言說的意思之外，尚有透過言說（言）而悟入更深的眞理（無言）的意思，在《維摩詰經・入不二法門品》中，維摩詰問眾菩薩何等是菩薩入不二法門。眾菩薩一一述說之後，文殊師利問維摩詰何等是菩薩入不二法門，時維摩詰默然無言。僧肇注曰：

> 有言於無言，未若無言於無言。所以默然也。上諸菩薩措言於法相，文殊有言於無言，淨名無言於無言，此三明宗雖同，而跡有深淺，所以言後於無言」。〔註34〕

法相無所言說，而有言於無言，有言只是跡，是眞實法相的淺說。無言才能與眞實法相相契。所以言後於無言。換言之，可言者只是理之粗，致於理之精微者，則不可以言得。

小結：從玄學到《肇論》言意觀的深化與開展

經過對玄學與僧肇的言意觀的分別討論，我們可以得到以下幾點結論：

一、玄學談論言意問題的三派，雖然意見不同，但是「形爲名本」的預設卻是相同的。這點與僧肇認爲現象（有）是「言象之所以形，是非之所以生」的思想是一致的。

二、就形而下的事象之意而言，玄學「言盡意」論者認爲言、意有同一

〔註32〕同註23，P158b-c。
〔註33〕同前註。
〔註34〕《維摩詰經》，大正三十八冊，No.1775，P399b-c。

性，因此，言可以盡意。佛教說一切有部把名言概念當作現象的本體，般若中觀學派則從否定本體的角度，來否定名言概念與現象的同一性，僧肇繼承般若學說，認為名言概念與現象事物之間，沒有完全的同一性。換言之，在僧肇的思想中，即使是形而下的意，言意之間也是不能完全同一的。因此，一切言說都只是假名、假說。

三、「言象不盡意」及「忘言忘象盡意」論者，均認為形而上之意是言象所無法完全表詮的。這點與僧肇的意見一致。但兩者的不同在於，玄學家所指的形而上之意，是「性與天道」或《易》理等深微之理；而僧肇認為是「般若」、「法相」、「涅槃」等無相無形之法。

四、由於形上之意是不能以名言來完全表詮，因此王弼提出「忘言忘象盡意論」，認為言象只是傳意的工具，重點在於「意」的把握，一旦把握到意，言象是不必拘執的。這點與僧肇對於語言，只取其指引悟入而不可執著的態度，也是相同的。所以湯用彤先生說：「夫玄學重在得意忘象，……僧叡曰：喪我在乎落筌（十二門論序語）。道生亦曰：忘筌取魚，始可言道（見僧傳）。而曇影中論序，亦斥廢魚守筌，存指忘月。……筌蹄之說，本於玄學，般若家，與談玄者，其方法態度，實係一致」。〔註35〕

王弼心目中的宇宙「本」「體」，或荀粲所說的「性」與「天道」，都是非形之所能限的，故不是語言文字可以完全表達的，林師麗真說：「凡以『道』『玄』『極』『一』『真』『樸』等來描繪或指稱此一道體，都不過是『勉強名之』而已。故欲崇此『本』、體此『無』，在認知的方法上，便須了解『言』『象』皆不足以盡『意』；則得意之道（即『崇本』『體無』之道），便不能停留於言象所喻指的部分（形而下的『末』『用』），而須越過言外之意、象外之真（形而上的『本』『體』）」。〔註36〕筆者以為，般若學所說的「空」，與玄學所說的道體，雖然內涵意義不同，但是作為一超越形限的抽象概念，這點則是兩者相同的。而人間的語言文字對於超越的抽象概念不易做到完全的表達，因此，在討論言意問題時，玄學與般若學便自然會有相近的意見。

〔註35〕湯用彤：《漢魏兩晉南北朝佛教史》，頁327。
〔註36〕林麗真：《王弼老、易、論語三注分析》，頁61。

結　論

　　本文透過學術史的溯源方法，以此貞定般若中觀學派的基源問題──對說一切有部法體實有說的消解。《肇論》是解釋般若學的作品，因此，這也是《肇論》的基源問題。對於基源問題的把握，可以幫助我們確定僧肇各篇論文的旨趣。

　　在佛教文獻中，般若與智、慧、慧根、慧力等，實為同義詞。透過各部論典對於智、慧、慧根、慧力的定義，我們可以知道在說一切有部中，慧根是指無漏智慧。而在般若中觀學派中，般若則是通指有漏、無漏智慧。但是，卻以能知諸法實相──「空性」，為其指定功能。在般若經系列中，大大地稱揚般若智體，認為「般若」是諸佛之母，一切功德的根本，又認為「般若」是無心意而現行，無知而無所不知的。僧肇〈般若無知論〉就是在解釋「般若」的認知作用：「般若」是有別於認知活動的智照之體，因此，它的認知是無取相之知，所以是無能所、境智等對待，無知而無所不知的。此智照作用是如如的在其自己的，故知則常知，而無知相；應而常應，而無應相，因此「般若」非生滅心。它超出我們的觀念世界，因此也不可以言說。

　　說一切有部分析現象諸法，得出五位六十七法體，作為諸法的本體。認為現象諸法只是法體的和合，本身並無恆存的實體，因此是假有。但是法體卻是有獨立性的存在，是有自性的。般若中觀學派認為法體實有說與緣起法則根本相違，因此，提出「空」觀念來消解說一切有部的法體實有說。僧肇〈不眞空論〉就是要論證諸法「當體即空」。但「空」只是對於本體觀念的消解，並不是取消現象，而是在承認現象宛然有的立場上，否定「法體實有」的自性見解。認為諸法是無自性的存在，無自性故緣起性空。「空」是即萬物

當體而言，並不是離開萬法而另外建立一空的世界，因此是即僞即眞，立處即眞的。

說一切有部橫向的分析諸法，得到六十七種法體。不僅如此，有部論師還縱向的說法體三世恆存，這就構成「法體實有，三世恆存」的思想。龍樹八不中道的「不來亦不去」，就是透過對運動的辨破來否定法體的三世恆存。因爲對般若中觀學派基源問題的掌握，筆者認爲僧肇的〈物不遷論〉，是透過實有動法的否定，來消解法體三世恆存的。所以〈物不遷論〉也是明眞諦教，而不是像傳統所說的「明有，申俗諦教」。〈不眞空論〉是橫向的否定法體實有；〈物不遷論〉是縱向的否定法體的三世恆存。〈不眞空論〉是不離萬法而說空；〈物不遷論〉是不離動而求靜。因此兩論都是即俗即眞，眞俗不二的。

說一切有部不但說有爲法的法體實有，而且，無爲法也是法體實有的，也就是說，他們認爲「涅槃」的法體是實有的，這樣的「涅槃」觀是有所得的。因此，般若中觀學派以無相的「涅槃」說，來否定有部有實體的「涅槃」觀。僧肇〈涅槃無名論〉透過「涅槃」不可言說的論辯，來開顯一無體無相，非有非無的「涅槃」觀。僧肇認爲有餘涅槃與無餘涅槃，都是「出處之異號，應物之假名」，這已經是一種「無住涅槃」的思想了。

在玄學方面，魏晉玄學的理論中心是本末有無之辨。何晏、王弼等哲學家，一轉漢代宇宙論的方向，而談宇宙的本體問題。王弼提出「以無爲本」的學說，認爲宇宙萬物皆生於無，不能捨無以爲本。王弼並無意分裂本末有無，只是說有必須以無爲本，但是有無本末之分，基本上已經是二分法的思維模式，因此，若就名教與自然的關係而言，他雖然努力地論證名教出於自然，但此中已經分出本末輕重，不再是渾然一體了。因此，郭象放棄二分的思考方向，取消萬物背後的本體，而說有物之「自生」。「自生」說的提出，使萬物成了無本體的存在。

玄學與般若學都相當注重本體問題的探討，也就是本末有無的問題，所以在般若學初傳的階段，國人很容易以玄學的思想來理解般若學說，早期的六家七宗就是一例。以〈般若無知論〉談及的三宗而言，本無宗就是完全以玄學貴無派的思想來說般若空義，以爲「空」是萬物的本體。

就思想發展而言，玄學與般若學也有相似的趣向，就是對本體學說的否定。郭象「自生」說的提出，是爲了取消本體的「無」。般若「空」觀念，則是在於消解說一切有部爲主的「法體實有」說。但是，「無」在玄學貴無派的

思想中，是無限定、無形無名的超越本體。

「法體」在說一切有部來說，是分析諸法所得到的最後的單位（極微）。因此，玄學的本體，與說一切有部的本體，有著不同的內容。由於，郭象「自生」說要消解的對象是「無」，而般若中觀學派則是要取消「自性」，兩者所面對的本體觀念，有著不同的內容，因此，也就各自發展出不同的學說姿態。但是就取消萬物之本體一點而言，兩者卻有形式上的相似性。再則，郭象「自生」說雖然化掉了本體的「無」，但對於「有」的存在根據或現起問題卻沒有交代，只是要人安於無知。僧肇在郭象停下來的地方繼續出發，以緣起法則來解釋萬有現起的問題，這點可以看作是佛學思想對於玄學問題的深入與開展。

儒、道兩家的聖人觀如何調和，是魏晉玄學家最關心的問題。儒家的聖人，代表一種積極有為的精神。道家聖人，代表著一種清虛無為的生活情態。在道家思想盛行的時代，如何調和兩種人格的衝突，便成為思想家努力的方向。「應物而無累於物」是魏晉人士所共同嚮慕的理想人格，而「無為而無不為」則是溝通儒道，有為（應物）無為（無累於物）的橋樑。

「無為而無不為」是從聖人的主體心靈所開展出來的境界，王弼、郭象、僧肇都注意到這一點，對聖人的主體心靈狀態多所致意。王弼、郭象、僧肇所說的聖人的「神明」或心靈，雖然所體證的真理內涵不同——王弼所說的聖人能體證虛無的道體，僧肇所說的聖人體證性空真理，郭象所說的聖人能玄同彼我，與物冥合。但就聖心的認知能力而言，都是能超越感觸直覺的侷限，換言之就是說聖智的直觀能力。又由於佛道兩家的智的直覺都是透過虛、靜、損等修養工夫來呈露，而不是從道德自覺的「仁體」中發出，因此在聖人的理境上，有著某種程度的相應，此所以般若經在翻譯時，甚至在僧肇的論著中，有關聖人境界的描述，都大量借用老莊的文字的原因。

王弼採取名教出於自然的方法，來溝通儒道兩家的聖人觀。此方法最大的弱點是本末體用不一，因此雖然透過聖人無為而任物自為的轉折，開出「無為而無不為」的境界，但卻只有消極的意義。郭象放棄本末體用的二分方法，而提出「自生」說。在「自生」說的思想架構下，聖人玄同彼我，透過「彼」之所為即「我」之所為的方法，達成「無為而無不為」的理境。此說雖較王弼之說少了一些曲折，但還是必須掛搭在「萬物自為」身上說，而不能從聖人的主體中直接開出「無為而無不為」的境界。從「自生」說再轉出，很自

然便進入到般若學的「無本」思想。聖人在「用即寂，寂即用」的心靈觀照下，不著「有為」，不住「無為」，這樣便能於「有為」「無為」中出入自如，成就「無為而無不為」的境界。因此，從聖人「無為而無不為」的理境上說，般若學以及肇僧的聖人觀，也可以說是玄學在此一議題上的進一步發展。

在動靜學說上，王弼以為現象萬有在不斷的變動之中，而變動的背後，有一寂然大靜為其根本，此寂然大靜不是與動相對的靜，而是超越於動靜的本體。若以王弼的動靜學說與僧肇的動靜說對觀，王弼的「寂然大靜」已經蘊含了「動靜不二」的理境。但此理在王弼尚未明白說出，而在〈不真空論〉中，則成為了僧肇要努力論證的觀點。但僧肇即靜即動的動靜不二說，不再是以本體意義的「寂然大靜」為歸趣，而是動靜均統攝於無自性空的學說架構之下。

郭象因為化掉了本體，因此他認為現象事物刻刻遷流，稍不暫停，向者之我非復今我，今之所遇不可係而在。在他的思想中，已經隱約認為事物時刻變化，此中並無同一的不變的本質，也就是說，在他的思想中，已經有物不遷的思想萌芽，但是這一點，要到僧肇才正式地提出。此外，郭象於「新」與「故」、「向者之我」與「今我」之間如何連繫一問題，似未嘗致意。而僧肇於此，則以因果相續的原理來說明昔物（因）與今物（果）的連繫，一方面可以證成「昔物自在昔」而不遷（靜）的前題，另一方面又可以說明世俗起滅變動的現象。「物不遷」與「動靜不二」實為〈物不遷論〉的論說宗旨，而此一思想又可視為對王弼、郭象兩家動靜學說的融合和發展。

在言意之辨上，「言象不盡意論」與「忘言忘象盡意論」是玄學的主流學說。但是他們其實並不是完全否定言意之間的關連，只是認為可以耳聞目見的事象世界之意可以言傳，但是形而上之意卻不是言象所能完全表達的。換言之，他們認為言象與形上之意之間，不能有完全相應的同一關係。僧肇的言意觀念，與魏晉主流學說基本上是一致的。但是，僧肇繼承了般若中觀學派破斥說一切有部以名言概念作為諸法本體的學說傳統，他更進一步論證名言概念與意（包括形而上與形而下）之間，並沒有完全的同一性。這是玄學與般若學稍為不同的地方。因為玄學與般若學，基本上都認為言語無法完全表詮形上之意，因此，對於語言的態度，都是取其能指點悟入，而不是拘執於語言的表象。

經過本文的論述，可見般若學與玄學所討論的，大部分都是圍繞著本體

論的問題。我國早期般若學家之所以對般若空義無法正確地把握，一方面當然是由於經典翻譯的不足，另一方面也是由於受到玄學貴無派的影響，以貴無派的思想理解般若。《肇論》的出現，一方面固然是因爲鳩摩羅什來華，重譯般若經典的原因。另一方面，中土玄學流行著郭象的「自生」說。「自生」說的提出，就是在於化掉本體，這樣，萬物變成了無本體的存在。這點也可能對於般若空義的理解有所幫助。

　　所以，我們可以說，般若學之所以受到國人的歡迎，早期是因爲討論的問題相同，對於理想人格的期望、對於言意問題的看法等都頗爲接近，故能引起國人的興趣。而後期成熟的般若作品的出現，羅什來華是最直接的因素，而郭象《莊子注》的出現，也有間接的幫助。《肇論》的問世，一方面釐清玄學與般若學的某些混淆，使般若學不再依附玄學而得到獨立的地位；另一方面也可以說是對於玄學議題的深化與開展，把玄學思潮推向另一高峰發展。

參考書目

1. 《道行般若經》，《大正藏》八冊。
2. 《放光般若經》，《大正藏》八冊。
3. 《光讚般若經》，《大正藏》八冊。
4. 《摩訶般若波羅鈔經》，《大正藏》八冊。
5. 《小品般若波羅蜜經》，《大正藏》八冊。
6. 《摩訶般若波羅蜜經》，《大正藏》八冊。
7. 《佛說仁王般若波羅蜜經》，《大正藏》八冊。
8. 《妙法蓮華經》，《大正藏》九冊。
9. 《阿毘達磨俱舍論》，《大正藏》二十九冊。
10. 《異部宗輪論》，《大正藏》四十九冊。
11. 《阿毗達磨品類足論》，《大正藏》二十六冊。
12. 《阿毘達磨順正理論》，《大正藏》二十九冊。
13. 《阿毘達磨大毘婆沙論》，《大正藏》二十七冊。
14. 《毘婆沙論》，《大正藏》二十八冊。
15. 《中論》，《大正藏》三十冊。
16. 《百論》，《大正藏》三十冊。
17. 《大智度論》，《大正藏》二十五冊。
18. 《高僧傳》，梁·慧皎，《大正藏》五十冊。
19. 《出三藏記集》，梁·僧祐，《大正藏》五十五冊。
20. 《中觀論疏》，唐·吉藏，《大正藏》四十二冊。
21. 《中論疏記》，日本·安澄，《大正藏》六十五冊。
22. 《肇論》，後秦·僧肇，《大正藏》四十五冊。

23. 《注維摩詰經》，後秦・僧肇，《大正藏》藏三十八冊。

24. 《肇論疏》，陳・慧達，《大正藏》四十五冊。

25. 《肇論疏》，唐・元康，《大正藏》四十五冊。

26. 《注肇論疏》，宋・遵式，《卍續藏》九十六冊。

27. 《肇論新疏》，元・文才，《大正藏》四十五冊。

28. 《肇論略疏》，明・釋德清，《卍續藏》九十六冊。

29. 《大方廣佛華嚴經隨疏演義鈔》，唐・澄觀，《大正藏》三十六冊。

30. 《漢書》，漢・班固，台北鼎文書局，民國 65 年再版。

31. 《三國志》，晉・陳壽，台北鼎文書局，民國 73 年五版。

32. 《晉書》，唐・房玄齡，台北鼎文書局，民國 76 年五版。

33. 《周易乾鑿度》，漢・鄭玄注，商務印書館影印，文淵閣四庫全書，第五十三冊。

34. 《周易本義》，宋・朱熹，台北廣文書局，民國 81 年。

35. 《四書集註》，宋・朱熹，台北學海出版社，民國 77 年。

36. 《論語集解》，魏・何晏，台灣商務印書館四部叢刊正編第二冊。

37. 《世說新語箋疏》，劉宋・劉義慶、梁・劉孝標注、余嘉錫箋疏，台北，華正書局，民國 82 年。

38. 《人物志》，魏・劉劭，中華書局四部備要本。

39. 《王弼集校釋》，魏・王弼、樓宇烈校釋，台北華正書局，民國 81 年。

40. 《莊子集釋》，晉・郭象注、清・郭慶藩集釋，台北，貫雅文化，民國 80 年。

41. 《中論》，魏・徐幹，商務印書館四部叢刊正編第一八冊。

42. 《全晉文》，清・嚴可均校輯，日本中文出版社，1981 年三版。

43. 《中國佛學思想概論》，呂澂，台北天華出版社，民國 80 年。

44. 《印度佛學思想概論》，呂澂，台北天華出版社，民國 71 年。

45. 《印度部派佛教思想觀》，演培，台北慧日講堂，民國 64 年。

46. 《中觀論頌講記》，印順，台北正聞出版社，民國 81 年 1 月修訂一版。

47. 《性空學探源》，印順，台北正聞出版社，民國 81 年 4 月修訂一版。

48. 《中觀今論》，印順，台北正聞出版社，民國 81 年 4 月修訂一版。

49. 《初期大乘佛教的起源與開展》，印順，台北正聞出版社，民國 81 年七版。

50. 《佛教中觀哲學》，尾山雄一著、吳汝鈞譯，台北佛光出版社，民國 79 年。

51. 《般若思想》,梶山雄一著、許洋主譯,台北法爾出版社,民國 78 年。

52. 《佛教的認識論》,淨慧,北京中國佛教協會,1990 年 6 月。

53. 《中國佛教通史》(一),鐮田茂雄著、關世謙譯,台北佛光書局,民國 83 年。

54. 《漢魏兩晉南北朝佛教思想史》,李世傑,台北新文豐出版。

55. 《漢魏兩晉南北朝佛教史》湯用彤,台北商務印書館,民國 80 年台二版。

56. 《魏晉玄學論稿》,湯用彤,台北里仁書局,民國 73 年。

57. 《理學・佛學・玄學》,湯用彤,台北淑馨出版社,民國 81 年。

58. 《現象與物自身》,牟宗三,台灣學生書局,民國 73 年四版。

59. 《智的直覺與中國哲學》,牟宗三,台灣商務印書館,民國 82 年。

60. 《才性與玄理》,牟宗三,台北學生書局,民國 82 年八版。

61. 《佛性與般若》,牟宗三,台北學生書局,民國 78 年,修訂五版。

62. 《漢唐佛教思想論集》,任繼愈,北京人民出版社,1994 年四版。

63. 《絕對與圓融》,霍韜晦,台北東大圖書,民國 78 年再版。

64. 《中觀的勝義》,黃懺華,台北世界佛教出版社,民國 82 年。

65. 《佛家哲理通析》,陳沛然,台北東大圖書,民國 82 年。

66. 《肇論研究》,塚本善隆,法藏館版。

67. 《僧肇》,李潤生,台北東大圖書,民國 78 年。

68. 《僧肇思想研究》,劉貴傑,台北文史哲出版社,民國 74 年。

69. 《王弼老、易、論語三注分析》,林麗真,台北東大圖書,民國 77 年。

70. 《東漢士風及其轉變》,張蓓蓓,國立台灣大學文史叢刊。

71. 《郭象與魏晉玄學》,湯一介,台北谷風出版社,1987 年。

72. 《陳寅恪先生論集》,陳寅恪,中央研究院歷史語言研究所特刊之三,民國 60 年 5 月出版。

73. 《三論典籍研究》,張漫濤(編),台北大乘文化出版社,民國 68 年。

74. 《中觀思想論集》,張漫濤(編),台北大乘文化出版社,民國 68 年。

75. 《般若思想研究》,張漫濤(編),台北大乘文化出版社,民國 68 年。

76. 《中國哲學史新編》,馮友蘭,台北藍燈文化,民國 80 年。

77. 《新編中國哲學史》,勞思光,台北三民書局,民國 81 年增訂六版。

78. 《魏晉思想史》,許抗生,台北桂冠圖書,民國 81 年。

79. 《魏晉清談思想初論》,賀昌群,台北里仁書局,民國 73 年。

80. 《魏晉的自然主義》,容肇祖,台北里仁書局,民國 73 年。

81. 《魏晉思想論》,劉修士,台北里仁書局,民國 73 年。

82. 《魏晉清談》，唐翼明，台北東大出版社，民國 81 年。

83. 《魏晉思想與談風》，何啓民，台灣學生書局，民國 79 年。

84. 《佛教與中國文化》，陳仲奇（編），北京中華書局，1992 年。

85. 《西洋哲學史》，傅偉勳，台北三民書局，民國 64 年四版。

86. 《增訂本佛學常見詞彙》，陳義孝（編）香港佛學書局，1986 年。

87. 《魏晉清談主題之研究》，林麗眞，國立台灣大學中國文學研究所，民國 67 年博士論文。

88. 《僧肇般若思想之研究》，蔡纓勳，國立台灣師範大學國文研究所，民國 73 學年碩士論文。。

89. 《僧肇思想探究》，涂艷秋，國立政治大學中國文學研究所，民國 77 學年博士論文。

90. 《兩晉佛學之流傳與傳統文化之交流》，楊俊誠，國立台灣師範大學國文研究所，民國 80 年碩士論文。

91. 《王弼與郭象之聖人論》，盧桂珍，國立台灣大學中國文學研究所，民國 81 年碩士論文。

92. 《王弼的言意理論及其在方法上的意義》，蔡振豐，國立台灣大學中國文學研究所，民國 82 年碩士論文。

93. 〈王弼性其情說析論〉，林麗眞，見《王叔岷先生八十壽慶論文集》，台北王叔岷先生八十壽慶論文集編輯委員會主編，民國 82 年 6 月。

94. 〈王弼《論語釋疑》中的老子義〉，林麗眞，見《書目季刊》第二十二，卷第三期。

95. 〈郭象的自生說與玄冥論〉戴璉璋，見《中國文哲研究集刊》，第七期（1995 年 9 月）。

96. 〈言意之辯及其意義〉，蒙培元，《中國哲學史研究》，1983 年第 1 期〈僧肇三論與玄學〉，唐君毅，見《三論典籍研究》。

97. 〈佛教涅槃理論的後現代詮釋〉黃俊威，佛光大學宗教文化研究中心，第一屆宗教文化國際學術會議發表論文。

98. 〈姚秦關河的涅槃學與北魏隴東南北石窟寺的造像〉，賴鵬舉，手寫稿。

99. 〈也談兩晉時代的玄佛合流問題〉，洪修平，《中國哲學史研究》，1987 年第 2 期。

100. 〈論魏晉時代佛學和玄學的異同〉，石峻、方立天，《哲學研究》，1980 年第 10 期。

附錄：僧肇〈物不遷論〉後設基礎的檢視

一、前　言

　　僧肇乃東晉時期的佛學重要人物，他的著作除了《維摩詰經注》、《百論序》及《鳩摩羅什法師誄》外，最受後人重視的，就是闡述般若「空」義的四篇論文。這四篇論文分別是：〈物不遷論〉、〈不眞空論〉、〈般若無知論〉和〈涅槃無名論〉。〔註1〕後人把這四篇論文編在一起，卷首加上〈宗本義〉一篇，就成爲了《肇論》一書。

　　僧肇及其《肇論》，在中國佛教史上，向來有著極其崇高的地位，他象徵著中國佛教脫離玄學，得到獨立地位的開始。中國歷代佛教大德對僧肇也備極推崇，如鳩摩羅什稱讚他說：「吾解不謝子，辭當相挹」；〔註2〕三論宗吉藏認爲僧肇對般若「空」義有正確的理解；〔註3〕明·蕅益大師稱僧肇之學爲「醇乎其醇」；〔註4〕當代的印順法師稱僧肇的思想很切近龍樹中觀學的正義。〔註5〕

　　古德對僧肇的評論，大抵都是就其〈不眞空論〉的「性空」思想而論，但若就其〈物不遷論〉而言，則在歷史上曾經引起過一些爭議，如明代鎭澄認爲

〔註1〕 在僧肇的四篇論文中，〈涅槃無名論〉的眞僞問題，曾經在學術界引起過爭論。最先懷疑〈涅槃無名論〉是僞作的，是湯用彤先生。其學生石峻繼踵其說。但日本學者橫超慧日則著《涅槃無名論とるの背景》一文，力主〈涅槃無名論〉爲僧肇之作。現代學者在討論《肇論》的思想時，大部分都是四論並存的，於此也可以看出學術界的一般取向了。

〔註2〕 梁·慧皎《高僧傳·釋僧肇傳》，大正五十，No2059，P365a。

〔註3〕 唐·吉藏《中觀論疏》，大正四二，No.1824，P.29c。

〔註4〕 明·蕅益《閱藏知津》（臺北，新文豐出版社，民國62年初版），頁5～6。

〔註5〕 印順《中觀論頌講記》（臺北，正聞出版社，民國81年1月修訂一版），頁36。

〈物不遷論〉「濫同小乘不從此方遷至餘方之說」，又說：「肇師不遷之說，宗似而因非，……言似者，即所謂不釋動以求靜，必求靜於諸動。……言因非者，修多羅（sūtra，經）以諸法性空為不遷，肇公以物各性住為不遷」；〔註6〕當代印順法師也就〈物不遷論〉說：「如不約緣起假名相待義以說生滅，……即又會與說一切有部的三世各住自性義混同」。〔註7〕鎮澄認為僧肇〈物不遷論〉濫同小乘的運動觀，而印順法師則更明確地指出是說一切有部（sarvāstivādin）的「三世各住自性義」。

鎮澄認為僧肇不遷之說，是「宗似而因非」〔註8〕所謂「宗似」，就是指〈物不遷論〉的表面論述，與「不釋動以求靜，必求靜於諸動」的般若思想近似；所謂「因非」就是指《般若經》是「以諸法性空為不遷」，而《肇論》的〈物不遷論〉卻是「以物各性住為不遷」，即是印順法師所說的「不約緣起假名相待義」而立「不遷」義。

從前人對〈物不遷論〉的反省中，我們可以發現，大、小乘佛教可能都有「不遷」的運動觀，即鎮澄所說的「宗似」──表面論述近似。但是，建立「不遷」的後設基礎不同，即鎮澄所說的「因非」──理論的後設基礎不同。

那麼，如果我們要判定僧肇〈物不遷論〉的運動觀是否合乎般若思想，光從〈物不遷論〉的表面論述來作判斷，是無法得到確切的答案的，而必須要從它立論的後設基礎作一番審視，才有可能得到比較真切的答案。而這正是本文所要探討的問題。

我們知道，《肇論》是解釋印度般若中觀學的論文，而印度中觀學又與部派佛學，尤其是說一切有部有著密切的關係。〔註9〕又從鎮澄乃至印順法師對

〔註6〕明·鎮澄《物不遷論正量論》，續藏經九十七冊，頁365。案：鎮澄是明代有關僧肇〈物不遷論〉的爭議中，第一個對〈物不遷論〉提出批駁的人。但是，他對於物不遷的解釋，卻滲入了如來藏系的思想，就般若中觀學的思想而言，也說不上「純粹」，然而，筆者在此僅借用他「濫同小乘」之說，至於鎮澄本人的佛學思想，乃至於明末有關〈物不遷論〉思想的爭議，則不是本文所要處理的問題。

〔註7〕印順《中觀今論》，（作者自印，民國67年12月重三版），頁140。

〔註8〕鎮澄「宗似而因非」之說，是以印度因明學的「宗、因、喻」來分析僧肇〈物不遷論〉的立論基礎。詳細論述，請參考江燦騰〈明末〈物不遷論〉的諍辯──異議者鎮澄的佛學思想分析〉一文，（《國際佛學研究》創刊號）。

〔註9〕中觀學派與說一切有部的關係，可參考印順法師《中觀今論》、《中觀論頌講記》。（1）山雄一等著，許洋主譯《般若思想》（臺北，法爾出版社，民國78年初版）。及黃俊威〈佛教的「極微論」與「反極微論」之諍──以說一切有

〈物不遷論〉的評論中，都提到了小乘佛教或說一切有部與般若學的分判問題，則我們若要判定僧肇〈物不遷論〉的後設基礎，首先就要解決兩個問題：一是說一切有部的運動觀及其後設基礎為何？二是般若中觀學的運動觀及其後設基礎為何？在這樣的基礎上，我們才能夠進一步討論僧肇〈物不遷論〉的運動觀及其後設基礎。因此，本文首先討論說一切有部及般若中觀學派的運動觀，以此作為檢視僧肇〈物不遷論〉的運動觀及其後設基礎的座標，判定其後設基礎是否切近般若思想的正義。

二、「三世實有」與「物不遷」

(一)「三世」與「實有」

「運動」可以分為兩種：一種是指一物體由一個位置轉移到另一個位置的「運動」；另外一種是由一種狀態轉化為另一種狀態的「變化」。而佛教所討論的運動問題，實包含了兩種定義的運動，亦即包含了運動和變化兩種議題。

由於「運動」牽涉到「位置」轉移的問題，所以，談到「運動」就必然關連著「時間」和「空間」的因素；而「變化」則牽涉到「狀態」改變的問題，但不一定牽涉到「位置」的問題，所以，談到「變化」，雖然也牽連著「時間」和「空間」的因素，但是，「時間」的因素卻比「空間」的因素更為重要。因此，我們可以說，不管是「運動」還是「變化」，都與「時間」和「空間」的因素密切關連，而「時間」的因素尤其重要。

在佛教中，討論到「時間」的問題時，習慣上會把「時間」分為過去、現在、未來三世。不論是主張「三世有」的學派或者是「三世無」的學派，都是就過去、現在、未來的三時說的。而在佛教中，主張「三世實有」的，有說一切有部（Sarvāstivādin）、犢子部（Vāstīputrīāḥ）等部派，尤其以說一切有部為代表。而說一切有部之所以名為「說一切有部」，也正是因為他們堅持「三世實有」的主張，《阿毘達磨俱舍論‧分別隨眠品》說：

> 若自謂是說一切有宗，決定實許實有去、來世，以說三世皆定實有
>
> 故。〔註10〕

部的「法體恆存論」與中觀學派的「無自性」觀念為中心〉（華梵大學哲學系
《第一次儒佛會通學術研討會論文集》，1997 年 12 月出版）。

〔註10〕 《阿毘達磨俱舍論》卷二十〈分別隨眠品〉，大正二十九，No.1558，P.105a。

如果自認爲是說一切有部的學者，必須堅持有過去、現在、未來三世，並且肯定「三世皆定實有」。說一切有部並且以「三世皆定實有」的主張，作爲與其他部派的區隔，如說：

> 唯說有如是法故，許彼是說一切有宗。餘則不然，有增減故。〔註11〕

說一切有部認爲：在佛教各部派中，只有自宗是堅持「三世實有」的主張的，其他部派，有的除了說「三世實有」之外，又有所增加，如犢子部就是在三世實有之外，又肯定有眞實「補特伽羅」（pudgala，人）；而有些學派則只承認現在實有，認爲過去與未來非實有，如大眾部（Mahāsaṅghikā）的分別說系（Vibhajyavadin）；又有些學派說一切法空，三世也是空無實體的，如大眾部（Mahāsaṅghikā）的方廣派（Vaipulyaka）。〔註12〕可見「三世實有」確實可以視爲說一切有部的學說標誌。但是，說一切有部所說的「三世實有」並不是就抽象的時間概念說的，而是聯繫著有爲法的諸存有說的，《阿毘達磨俱舍論》對「三世」作了如下的定義：

> 以有爲法未已生，名未來；若已生未已滅，名現在；若已滅，名過去。〔註13〕

在這段資料中，「有爲法」的梵文是 saṃskṛta，這個字主要由三個部分組成，就是 sam＋kr＋ta，sam 是「一起、同時」的意思，〔註14〕相當於英文的 together 或 at the same time。〔註15〕「s」是連接 sam 和 kṛ 的連音字，共沒有任何意義。√kṛ 是「生起、造作」的意思，〔註16〕相當於英文的 to do，make。〔註17〕「ta」

〔註11〕《阿毘達磨順正理論》卷五十一〈辯隨眠品〉，大正二十九，No.1562, P.630c。

〔註12〕《阿毘達磨順正理論》：「信有如前所辯三世，及有眞實三種無爲，方可自稱說一切有，以唯說有如是法故，許彼是說一切有宗。餘則不然，有增減故：增益論者，說有補特伽羅及前諸法。分叩論者，唯說有現，及過去世未與果業。刹那論者，唯說有現一刹那中十二處體。假有論者說現在世所有諸法亦唯假有。都無論者，說一切法都無自性，皆似空花。此等皆非說一切有。」（《阿毘達磨順正理論》卷五十一〈辯隨眠品〉，大正二十九，No.1562，P.630c）。另外，有關部派佛教的時間觀，也可參考演培法師著《印度部派佛教思想觀》（臺北，天華出版社，民國79年初版），頁128。

〔註13〕同註12。

〔註14〕參考荻原雲來博士編纂《梵和大辭典》（臺北，新文豐出版社，民國68年初版），頁1409。

〔註15〕M. Monier- Williams A Sanskrit English Dictionary（Delhi, Motilal Banarsidass Publishers Private Limited，1995 Reprint），頁1111c。

〔註16〕同註13，頁366。

〔註17〕同註14，頁301a。

代表動詞的過去分詞，也可以當作形容詞使用。以 krta 來說，相當於英文的「made」，就是指「已經造作完成的東西」的意思。那麼「有爲法」（saṃskṛta），就是指「已經一起造作完成的東西」，也就是指向我們所經驗的現象世界。

說一切有部認爲所謂的「過去、現在、未來」，都是就有爲法的生滅變化而言的：若有爲法尙未生起，名爲「未來」；若有爲法已經生起，但尙未消滅，名爲「現在」；若有爲法已經消滅，名爲「過去」。更進一步，如果把三世的分析推至極致，就會得到「刹那」（kṣaṇika）的概念。「刹那」，是說一切有部分析時間所得到的最小單位，所謂「時之極少，謂一刹那」。〔註18〕有爲法生起的一刹那，就是「現在」；有爲法息滅的一刹那，就成爲「過去」。因此，過去、現在、未來的三世，都是緊扣了有爲法的刹那生滅而說的。印順法師在《說一切有部爲主的論書與論師之研究》中，對於說一切有部「三世」的時間觀念，作了這樣的說明：「說一切有部，並不以時間爲另一實法，而認爲就是有爲法的活動。有爲法是有生滅的，生滅的一刹那，是現在；未生是未來；已滅名過去。離開有爲法的生滅，是無所謂時間的」。〔註19〕

既然過去、現在、未來三世並不是一個抽象的時間概念，而是關連著有爲法說的。這就牽涉到「有爲法」與「實有」的關係了。「實有」的梵文是 sat，sat 是字根√as 的現在分詞，是「存有」的意思。〔註20〕在印度哲學乃至佛教說一切有部中，sat 指向眞實存在的「有」，即所謂宇宙的根本，〔註21〕是恆常不變的本體。但是，作爲現象界存有的「有爲法」應該是無常變易的，它與恆常不變的「實有」的概念是相違的。那麼，說一切有部緊扣著「有爲法」而說的三世的時間觀，又是如何建立起「三世實有」的學說呢？

原來，說一切有部把存有分成兩類：一是實有，二是和合的施設有或假有，《阿毘達磨大毘婆沙論》卷九〈雜蘊‧世第一法納息〉說：

> 諸有者，有說二種：一「實物有」，謂蘊、界等。二「施設有」，謂男、女等。〔註22〕

〔註18〕《阿毘達磨大毘婆沙論》卷一三六〈大種蘊‧具見納息〉，大正二十七，No.1545，P702A。

〔註19〕印順《說一切有部爲主的論書與論師之研究》（臺北，正聞出版社，民國 81 年 10 月七版），頁 234～235。

〔註20〕同註13，頁 162。

〔註21〕參考金克木《印度文化論集》（臺北，淑馨出版社，1990 年出版），頁 14～18。

〔註22〕《阿毘達磨大毘婆沙論》卷九〈雜蘊‧世第一法納息〉，同註 17，P42a。

所謂「實物有」（dravya-sati），即實體的有，在說一切有部的學說體系中，認爲五蘊、十二處、十八界是實體的存有，五蘊是構成一切生命的身、心要素，十二處、十八界則是一切生命認知活動的場域。〔註23〕所謂「施設有」（prajñapti-sati），即吾人的具體生命，如男、女等。「施設」的梵文是 prajñapti，意謂假立、虛假、假名、言說等意思。〔註24〕說一切有部認爲，吾人的具體生命只不過是五蘊的身（色蘊）、心（受蘊、想蘊、行蘊、識蘊）要素的和合而已。因此，吾人的具體生命是五蘊和合的假有，而五蘊（色蘊、受蘊、想蘊、行蘊、識蘊）才是「和合假（有）」所依的實體。〔註25〕

更進一步而言，蘊、處、界之所以爲實有，則又是建立在「極微」的基礎上。五蘊中的色蘊是物質世界的基礎，在《阿毘達磨品類足論》中，把色法分爲兩類：一是「四大種」，二是「大種所造色」。「四大種」就是指地、水、火、風的四種基本元素；「大種所造色」包括吾人肉體的眼、耳、鼻、舌、身，及物質世界的色、聲、香、味等。〔註26〕在《阿毘達磨大毘婆沙論》中，明確地確定了「四大種」就是「四大極微」。所謂「極微」（aṇu），就是分析物質所得到的最小單位，如《阿毘達磨大毘婆沙論》說「極微是最細色」，又說「色之極少，謂一極微」。〔註27〕

由於「極微」是整個物質世界的基礎，所以也可以稱爲「法體」——諸法的本體。說一切有部認爲吾人的肉體乃至物質世界都是由極微積聚而成，所以現象世界是和合的假有，是刹那生滅的有爲法，但是，積聚的元素——「極微」，

〔註23〕蘊、處、界是佛教的基本範疇：

「蘊」指五蘊，即色、受、想、行、識五蘊，色是指物質（或肉體）的要素。五蘊就是吾人身心要素的概括。「處」指十二處，即眼、耳、鼻、舌、身、意六根，與色、聲、香、味、觸、法六塵。六根即吾人的認識主體官能，六塵則是認識的客體。

「界」指十八界，即六根接觸六塵，所產生的眼識、耳識、鼻識、舌識、身識、意識六識。六根、六塵、六識就是十八界。

因此，在佛教的哲學體系中，蘊、處、界實涵蓋了吾人的身心要素及認識知活的所有範疇，故我們在佛教的文獻中常常可以看到「蘊、處、界攝一切法」的說法。

〔註24〕同註13，頁823。

〔註25〕有關有部「和合假、假依實」的詳細論證，請參考黃俊威《無我與輪迴》（桃園，圓光出版社，民國84年初版），頁81～94。

〔註26〕參考《阿毘達摩品類足論》卷一，大正二十六，No.1542，P692b。

〔註27〕同註17。

卻是不待因緣而恆常自有的實體。因此，說一切有部所說的「三世實有」的學說主張，正是以「極微」的常住不滅（法體恆存）作為理論基礎的。而其他如生滅觀、運動觀等，則又是建立在「三世實有，法體恆存」的理論上。

（二）「三世實有」與「無來無法」

佛教在處理運動或變化時，分成「行」（saṃskāra）和「世」（loka）兩個方面來討論。「世」的梵文 loka，是時間的意思，〔註28〕佛教把時間分為過去、現在、未來三世，在討論運動和變化時，就把三世簡稱為「世」。至於「行」的梵文是 saṃskāra，這個字與有為法的梵文 saṃskṛta 很接近，主要由兩個部份組成，就是 saṃ＋kara。Saṃ 和 s 上文已經談及，現在從略；而 kara 是由字根 √kṛ 變化而成的字幹，是「生起、造作」的意思。kara 與 kṛta 的區別是：kṛta 是過去分詞，代表已經造成完成的東西，而 kara 是字幹，沒有時態的規定，因此，saṃskṛta 指已經一起造作完成的東西，即現象世界，漢譯是「有為法」；而 saṃskara 則是指一種「同時的造作」，這種造作可以發生在過去、現在、未來。所以，「行」（saṃskara）是可以通於三世的，它指向「有為法的生滅、變化」。佛教所說的「諸行無常」，就是說一切有為法的生滅變化，都是無常變易，刻不暫留的。

有的部派在討論運動問題時，把「世」與「行」分開，認為「行」與「世」的關係，就像果子與器皿的關係一樣。果子代表「行」，即生滅的有為法，器皿代表「世」，在這裏，器皿被用作時間單位的譬喻，而與空間、位置無關。果子從一個器皿出來，放入另外一個器皿中，有為法的生滅變化也是如此，從「未來」進入「現在」，又從「現在」進入「過去」。〔註29〕這種把「世」與「行」分開的論證方式，在說一切有部看來，就等於視「時間」是離開有為法的生滅變化而獨立存在的實法，為了遮止這種意見，說一切有部堅持「世即行，行即是世」的立場，〔註30〕認為三世的分別，都是就有為法的剎那生滅說的。而且，果子從一個器皿出來，放進另一個器皿的比喻，彷彿暗示諸法是可以轉移的：可以從「未來」來「現在」，從「現在」去「過去」，但是，這並不是說一切有部所主張的，關於這一點，說一切有部的尊者世友

〔註28〕同註 13，頁 39。
〔註29〕據《阿毘達磨大毘婆沙論》記述，這是譬喻者的運動觀，但是到底是哪一個部派的譬喻者，則沒有說明。請參考《阿毘達磨大毘婆沙論・結蘊・十門納息》大正二十七，No.1545，P393a。
〔註30〕同前註。

（Vasumitra）說：

> 諸行無來，亦無有去，刹那性故，住義亦無。〔註31〕

上文已經說過，運動實可包括運動和變化，但不管運動還是變化，都必然牽連著時間遷流的問題。因此，如果暫時不討論空間的轉移問題，則所謂「去」（gata）、「來」（agata），就是指從一時間點到另一時間點的運動。但需要強調的是，從此時間點過度到彼時間點的，必須要是同一的實體，就像從 A 器皿（時間分位的譬喻）出來，放入 B 器皿的，必須要是同一個果子一樣。如果從 A 器皿出來時，是橘子，放進 B 器皿時，卻變成了蘋果，那麼，我們就不能夠說橘子從 A 器皿去到 B 器皿，因爲在移動的過程中，主體已經改變了。說一切有部認爲既然一切有爲法刹那生滅變化，沒有片刻的停留，那麼，導引出「無來無去」的結論應該是很合理的。從「無來無去」更推進一層，當然也可以得到「無住」的觀點，因爲，如果有「住」的話，就代表一法可以在某一刹那間停留。既然一法可以在某一刹那停留，那麼，它也應該可以在任何一刹那停留。如果一法可以從第一刹那延續到第二刹那，那麼，就可以說有一法從第一刹那去到第二刹那，這樣，「無來無去」義就會發生動搖。所以，說刹那生滅，就一定會推到刹那不留的「無住」的結果。

　　說「有爲法」刹那生滅，這是可以理解的。但是，「有爲法」的基礎在於恆存不變的「法體」（即「極微」）。那麼，我們畢竟要問：爲什麼由恆存不變的「法體」所構成的「有爲法」卻是無常變易的呢？「法體」的恆存與「有爲法」的刹那生滅，以及依「有爲法」的刹那生滅而成立的「三世實有」義，他們之間的關係，應該如何調和呢？關於這個問題，說一切有部曾經發生過不少的論辯，最後以尊者世友的說法被尊爲說一切有部的定說，〔註32〕據《阿毘達磨大毘婆沙論》的記載，世友的說法是這樣的：

〔註31〕同註 17，P393c。

〔註32〕關於三世的差異，說一切有部內有四種說法：一、尊者法救的說法是：三世由法體的類不同，而有差異，而不是法體的不同。就像以黃金鑄造不同的器物，形雖有殊而法體無異。二、尊者妙音的說法是：三世由法體的「相」有差別而形成。謂於諸法的法體中，各有過去、現在、未來的三相，當法體與過去「相」相合，就是過去，與現在「相」相合，就是現在，與未來「相」相合，就是未來。三、尊者世友的說法是：以作用差別而有三世。四、尊者覺天的說法是：以相待說三世，與現在、未來相待名過去，與未來、過去相待名現在，與過去、現在相待名未來。（有關「三世」的四種說法及說一切有部的抉擇，詳細請參考《阿毘達磨順正理論·辯隨品》，大正二十九，No.1562，P631a-b。

諸行既無來去等相，如何立有三世差別？

答：以作用故立三世別，即依此理說有行義，謂：有為法未有作用，

名「未來」；正有作用，名「現在」；作用已滅，名「過去」。〔註33〕

「法體」（即「極微」）恆存和「有為法」的剎那生滅，都是說一切有部的基本立場，但是，兩者是相違的概念，因為「有為法」是眾多極微的複合物，極微（「法體」）既然是恆存的，則由極微所組成的「有為法」，即使不是恆存的，也不應該是剎那生滅的。為了解決這個理論上的內在矛盾，尊者世友以體用分離的方式來處理這個問題，即認為微極的「體」是恆存不變的，但是，作用卻是可以生滅變化的，並依此建立三世的理論：以有為法的未起作用，名為「未來」；正在作用，名為「現在」；作用已經息滅，名為「過去」。〔註34〕

但是，世友以法體恆存，作用剎那生滅的思考模式，顯然有他的盲點，因為如果以體用如一的標準來衡量，法體既然恆存，則作用也應該是恆有的。有體而無用，或「法體恆存、作用生滅」的思考模式，在邏輯上是說不通的，正如《阿毘達磨俱舍論·分別隨眠品》所說：「若法自體恆有，應一切時能起作，以何礙力，令此法體所起作用，時有時無？」。〔註35〕面對這樣的質疑，說一切有部提出了「體相無別，性類有別」的說法：

彼言：「若法自體恆有，應一切時能起作用。以何礙力，令此法體，

所起作用，時有時無？」

此難意言：諸法體相，既恆無別，以何礙力，非一切時唯一性類？

此難非理，……現見世間體相無別，性類有別，……以體雖同而性

類別，足能成立作用非恆。〔註36〕

說一切有部認為法體恆存，與作用生滅，兩者之間並沒有必然的矛盾，因為法

〔註33〕同註17，P393c。

〔註34〕關於世友的說法，《阿毘達磨俱舍論》的記載略有不同：「尊者世友作如是說：由位不同，三世有異。彼謂諸法行於世時，至位位中作異異說。由位有別非體有異。如運一籌置一名一，置百名百，置千名千。……以約作用，位有差別，由位不同立世有異，彼謂諸法作用未有，名為未來，有作用時名為現在，作用已滅名為過去，非體有殊。」《阿毘達磨俱舍論》卷二十〈分別隨眠品〉，大正二十九，NO.1558，P105a。以作用說三世的差別，是有部採取的基本主張，在《阿毘達磨俱舍論》中，雖然有了「位」的觀念，但是，所說的「位」仍然是時間分位的「位」，與《阿毘達磨大毘婆沙論》以作用說三世的立場並沒有根本的差異。

〔註35〕同註9。

〔註36〕同註10。

體雖然體相無別，而性類有別，《阿毘達磨順正理論》以「地大」（四大種之一）為例加以說明：「現在位」的地大極微引生地大極微，作為地大的堅相並沒有差別，而「現在位」的地大極微，與「未來位」的地大極微性類有別。當談到這裏，又必然牽涉到現在法的「牽果作用」的問題，《阿毘達磨順正理論》說：

> 眾緣合時，諸法得生，非得自體。未生諸法，已有體故。法體已有，
> 何用復生！眾緣合時，體雖已有，而能令彼至「牽果位」，起勝作用，
> 故說為生，至現已生，正能牽果。牽果用息，說為過去。未來……
> 無牽果能。〔註37〕

說一切有部繼承佛說緣起法則：「此有故彼有」的精神，而說諸法因緣生，認為必須在主要條件（因）和輔助條件（緣）都具足的情況下，才能生起諸法，故說「眾緣合時，諸法得生」，但是，並不能說眾緣和合時，諸法得其自體（法體或極微），因為，法體是自有恆存的，即使在諸法未生時，法體已經存在，只是當眾緣具足時，法體和合而使諸法至「牽果位」。所謂「牽果」，就是指現前一剎那生起的諸法，有一種引生下一剎那諸法的作用。《阿毘達磨大毘婆沙論》說「諸色法同類極微，於一聚中眾多俱起」，〔註38〕就是說法色有引生同類極微相續繼起的作用。而《阿毘達磨順正理論》也正是以諸法現起牽果作用的時段分位為「現在」，牽果作用已經息滅的時段分位就是「過去」，而「未來」就是尚未現起牽果作用的時段分位。

若回到「體相無別，性類有別」的問題上，則說一切有部似乎認為現在一剎那的有為法有引生下一剎那有為法的作用，下一剎那的有為法與前一剎那的有為法在體相上是相同的，但在個別的性類上與前一剎那的有為法不同。以 A 為例，第一剎那的 A 為引生第二剎那 A＋的因，A 與 A＋基本上都是 A，而不是 B，不是 C，這就是「體相」無別——同類極微；但是 A＋又不是完全等同於 A，這就是性類的差異。

說一切有部從法體的「體相無別、性類有別」以及「法體恆有，作用生滅」的角度說三世，認為有為法雖然剎那生滅，卻並不妨礙法體的恆存於三世，並且在這樣的基礎上談生滅運動的相續變化，《阿毘達磨順正理論》列舉了一個譬喻說：有一個人想燒毀隔鄰的村莊，於是拿著火把點燃了這個村莊裏的一間草屋的角落，火焰相續繼起，火越燒越大，結果把整個村莊都燒毀

〔註37〕《阿毘達磨順正理論・辯緣起品》，大正二十九，No.1562，P521b-c。
〔註38〕《阿毘達磨大毘婆沙論・雜蘊・智納息》，大正二十七，No.1545，P52。

了。這個人後來被村民擒獲，要求他賠償，但是他卻狡辯說：「我只是持一點點火，燒一點點草而已，我放的火隨即熄滅，所以我頂多只願意賠償一把草。」[註39] 說一切有部的學者以這個故事說明剎那生滅的運動觀：

> 遍燒村火，皆從初火相續而生，是故彼人，有遍燒過。如是諸蘊相續轉，所生諸果，應知皆是初蘊為因，展轉而起，……因已滅，果法得生……剎那滅義成。有業果感赴，是故善說一切有為有剎那故，必無行動。[註40]

雖說遍燒全村的火，不等同於最初點燃的那一把火，但是，遍燒全村的火焰，都是從第一把火相續而生的。就如同吾人身心和合的生命體，從年少到年老雖然有很大的變化，但是都是從最初的身心狀態逐漸展轉相續變化而成的。在《阿毘達磨順正理論》中又舉了樹木和酢兩個例子說明：在長成的大樹中，找不到最初的種子和幼苗，在釀成的酢中看不見釀酢的原料，可見最初的原「因」早已息滅，但是因為有牽果的作用，使業「果」相續展轉生起。最初的原因早已息滅成為過去，不能來到現在的結果中，這就是剎那生滅的道理。正因為剎那生滅的道理，所以「原因」不可能從「過去」來到「現在」，從「現在」去到「未來」，所以說「必無行動」。但是，我們必須注意的是，說一切有部在這裏所說的「因已滅」，只是說過去的「因」的作用已經息滅，而不是說過去的「法體」已滅，因為「法體」是恆存於三世的。現在的有為法，雖然作用剎那息滅而成為過去，但是，「法體」卻依然存在於過去的時空中，永不磨滅。

說一切有部透過有為法剎那生滅、相續轉變的理論，得到「必無行動」的運動觀。至於世間所見運動的現象，說一切有部認為那是無間斷的展轉相續的變化結果而已，即使是吾人的身體乃至靜態的事物，都是無時無刻地發生著生滅相續變化的，但是因為剎那生滅的緣故，無有一法能從第一剎那延續到第二剎那，所以有為法也是「皆無行動」的，[註41] 也可以說是「動而無動」的。

[註39] 《阿毘達磨順正理論·辯業品》，大正二十九，NO.1562，P535b。
[註40] 同前註，P535c。
[註41] 《阿毘達磨順正理論·辯業品》：「善說一切有為有那故，必無行動。若爾，何故現見世間，有時身形行動可得？欲等緣力，能使身形無間異方展轉生起，不審察者，起增上慢，謂有實行。現前可取，現見不取，月輪駛行，有時由雲，餘方疾起，便起增上慢，謂見月駛行，如是世間身急迴轉，謂諸住物，皆急返旋，是有有為皆無行動。」同註31，P535c。

從上述的討論中，我們發現說一切有部是持「無來無去」的運動觀的。而「無來無去」的後設基礎，在於有爲法刹那生滅的三世觀。而有爲法的刹那生滅，又建基在法體恆有、作用生滅的學說基礎之上。因爲法體的恆有，則有爲法雖然刹那滅而成爲「過去」，然而，在「過去位」的法體卻並沒有消失，只是不起作用而已，這種「因已滅，果法得生」的業果感赴理論，與僧肇〈物不遷論〉「昔物自在昔」、「今物自在今」的「各住性於一世」說的後設基礎，是否一如說一切有部的「法體恆有，作用生滅」的主張，則留待下文再作詳細的討論了。

三、「三世無」與「物不遷」

（一）一切法「空」

與說一切有部「三世實有」思想相對的，是說「一切法空」的般若思想，而代表初期大乘佛教的《般若經》，也被視爲反對以說一切有部爲代表的實有論而形成的，如梶山雄一博士說：「初期大乘佛教的中心哲學即『空』的思想，是反對當時盛行的部派佛教的阿毘達磨的實有論而形成的」。〔註42〕

無論從《般若經》的成立背景，或是其義理宗旨看，「空」（śūnyatā，空性）──無疑是《般若經》的中心思想。例如《摩訶般若波羅蜜經》說：

> 色、色相空；受、想、行、識、識相空；乃至一切種智、一切種智
>
> 相空。〔註43〕

色、受、想、行、識是「五蘊」的內容，說一切有部主張「五蘊」是實有的，與此相對，《般若經》說「五蘊」皆「空」。一切種智（sarvathā-jñāna）是佛通達諸法總相、別相的智慧。這裏的「乃至」，意謂從「五蘊」、「十二處」、「十八界」，一直到佛的「一切種智」，都是「空」的，總括而言，就是「一切法、一切法相空」。〔註44〕

那麼，什麼是「空」或「空性」？「空」的梵文是 śūnya，是「空虛、荒廢、不存在、零」的意思。〔註45〕

〔註42〕山雄一等著，許洋主譯《般若思想》（臺北，法爾出版社，民國78年初版），頁67。

〔註43〕《摩訶般若波羅蜜經》卷五十四〈大如品〉，大正八，No.223，P337a。

〔註44〕同前註，P337b。

〔註45〕同註13，頁1343。

「空性」的梵文是 śūnyatā，「ta」是過去分詞，因此，「空性」（śūnyatā）就是指「空的狀態」。那麼「一切法空」就是說：一切法都處於一種空的狀態。〔註46〕

《般若經》認為一切法都是處於「空」的狀態，但有名字（prajñapti-nāma，即假名），而無實法，如《放光般若經》卷一〈無見品〉說：

> 五陰則是空，空則是五陰，何以故？但字耳。以字故，名為道。以字故，名為菩薩。以字故，名為空。以字故，名為五陰。……但以空為法立名，假號為字耳。〔註47〕

引文中的「五陰」，即是「五蘊」的異譯。五蘊就是空，空就是五蘊，是《般若經》的基本立場。但是，為什麼「五蘊就是空，空就是五蘊」呢？《般若經》認為：所謂「五蘊」（或「五陰」）、道、菩薩等，都只是假名，但有名字而無實法。不僅如此，十二處、十八界等，也是假名。就連「空」，也只是假名而已。不能執著「空」，以為是實有一法名為「空」。因為「空」是破一切法的執著，但是，如果以為空一切法，而仍有「空」的話，那麼，雖然去除了一切法的執著，卻又執著了「空」了。所以，《般若經》認為不但一切法空，空亦復空，這就是「空空」或「畢竟空」。〔註48〕

那麼，「空」、但有假名的諸法，到底是一種什麼樣的狀態呢？《般若經》認為那是一種「幻」（māyā）的狀態：

> 色不異幻，幻不異色，色即是幻，幻即是色。……受、想、行、識不異幻，幻不異受、想、行、識，識即是幻，幻即是識。……乃至阿耨多羅三藐三菩提不異幻，幻不異阿耨多羅三藐三菩提，阿耨多羅三藐三菩提即是幻，幻即是阿耨多羅三藐三菩提。〔註49〕

「一切法空」就是說：一切法都處於一種空的狀態，而「空的狀態」就是「幻的狀態」。色、受、想、行、識就是「五蘊」。阿耨多羅三藐三菩提（anuttara-samyak-saṃbodhi）是佛陀所證得的無上正等正覺，《般若經》認為從吾人身心要素的「五蘊」，到佛陀所證得的無上正等正覺（阿耨多羅三藐三菩提），都與「幻」無異，「幻」與「五蘊」乃至「阿耨多羅三藐三菩提」無異。更進一

〔註46〕參考霍韜晦《佛學》，（香港，中文大學，1991 年初版八刷），頁 71～84。

〔註47〕《放光般若經》卷一〈無見品〉，大正八，No.221，P4c。

〔註48〕參考《大智度論》卷三十一，〈十八空義〉，大正二十五，No.1509，P285～296。

〔註49〕《摩訶般若波羅蜜經》卷四〈幻學品〉，大正八，No.223，P239c。

步，甚至可以說「五蘊」乃至「阿耨多羅三藐三菩提」即是「幻」，「幻」即是「五蘊」乃至「阿耨多羅三藐三菩提」。

一切法空、假名，如幻，《大智度論》（《摩訶般若波羅蜜經》的註釋書）依此而說一切法無有實體。在〈十喻品釋論〉中，論主以「犍闥婆城喻」說明諸法空無實體的道理：

> 如犍闥婆城者，日初出時見城門樓櫓宮殿，行人出入，日轉高轉滅，此城但可眼見而無有實，是名犍闥婆城。有人初不見犍闥婆城，晨朝東向見之，意謂實樂，疾行趣之，轉近轉失，日高轉滅。飢渴悶極，……無智人亦如是，空陰、界、入中見吾我及諸法，……若以智慧知無我、無實法者，是時顛倒願息。〔註50〕

「犍達婆城」是一種海市蜃樓的現象，當海市蜃樓現象發生時，在荒蕪的沙漠中，突然出現城市或其他的景象，就連城市中的建築物和行人也看得清清楚楚。但是，隨著太陽的昇高，這種現象就會慢慢消失了。《大智度論》認爲「犍闥婆城」雖然可以眼見，但是卻沒有實體，諸法實相亦如是。佛教以陰（即蘊）、入（即處）、界攝一切法。《大智度論》認爲陰、界、入皆空，而無智慧的人卻於空的陰、界、入中，執著有「我」、有「法」。若以智慧觀照，便知諸法無我、無實法體。而諸法「空」，無實體，又指向諸法因緣生，如《大智度論》說「從因緣生，不自在故空」。〔註51〕《中論・觀四諦品》也說：

> 眾因緣生法，我說即是無，亦爲是假名，亦是中道義。未曾有一法，
> 不從因緣生，是故一切法，無不是空者。〔註52〕

《中論》認爲一切法無不是從因緣所生，從因緣所生的諸法，都是「空」的。論主以爲：眾因緣所生的諸法，就是「空」（śūnyatā，異譯爲「無」），就是但有假名、無實法體、如幻的諸存有，這也就是「中道」（madhyamā-pratipad）。所謂「中道」，就是「物從因緣故，不有；緣起故，不無」的非實有，非定無。〔註53〕

總之，一切法空，空即緣起無實（體），即假名、如幻，這就是般若中觀學派的基本主張。而生滅、運動等問題，都是在「空」的基礎上展開的。

〔註50〕《大智度論》卷六〈十喻釋論〉，大正二十五，No.1509，P103b。
〔註51〕同前註，P104c。
〔註52〕《中論》卷四〈觀四諦品〉，大正三十，No.1564，P33b。
〔註53〕參考《肇論・不眞空論》，大正四十五，No.1858，P152c。

（二）「空」與「無去無來」

在佛教中，當討論運動的問題時，首先要談的，就是三世的問題。說一切有部因為說「一切法有」、「三世實有」，而被稱為「一切有宗」。《般若經》因為說「一切法空」，故被稱為「都無論者」，如《阿毘達磨順正理論》說：

> 以唯說有如是法（三世實有）故，許彼是說一切有宗。餘則不然，有增減故：……都無論者，說一切法都無自性，皆似空花。此等皆非說一切有。〔註54〕

說一切有部所說「一切法有」，是遍通三世的，因此，說「一切法有」就必然要說到「三世實有」。同樣的，《般若經》所說的「一切法空」，也是遍通三世的，所以，說到「一切法空」，就必然會說到「三世空」（或「三世無」）。如《放光般若經》卷五〈衍與空等品〉說：

> 過去色，以過去色，自空；當來色，以當來色，自空；今現在色，以現在色，自空。痛、想、行、識亦爾。〔註55〕

又說：

> 過去世，非世，空；當來世，非世，空；現在世，非世，空。三世等，等者空。〔註56〕

上文已經說過，說一切有部「三世」的觀念，並不是一個獨立的時間概念，而是緊扣著有為法的剎那生滅說的。關於這一點，《般若經》有著同樣的思考模式，也就是說，「三世」是關合著有為法說的。但是，與說一切有部不同的是：說一切有部「一切法實有」，而《般若經》則說「一切法空」。過去色、現在色、未來色都是「空」的。在「空」的前提下，過去世，是「空」的；未來世，也是「空」的；現在世，還是「空」的，所以說，「三世」是平等的，所謂「平等」，就是三世皆「空」。

在「空」的狀態下，一切法的分別，一切時的分割，都被取消，彼此的區隔也不存在，所謂「一切法，如相，一如，無二，無別」，〔註57〕就是在「空」的狀態下，所呈現的諸法真實的相狀。此一真實，此一甚深的法性，就是諸法的「如」（tathatā），《摩訶般若波羅蜜經》卷五十四〈大如品〉說：

〔註54〕 同註10。
〔註55〕 《放光般若經》卷五〈衍與空等品〉，大正八，No.221，P33a。
〔註56〕 同前註。
〔註57〕 《摩訶般若波羅蜜經》卷五十四〈大如品〉，大正八，No.233，P335c。

> 如虛空甚深故，是法甚深。「如」甚深故，是法甚深。法性甚深，實
> 際甚深，不可思議。無邊甚深故，是法甚深。無來無去甚深故，是
> 法甚深。不生不滅，無垢無淨，無知無得甚深故，是法甚深。〔註58〕

「如」的梵文是 tathatā，是「如其樣子」的意思。〔註59〕因此，所謂「如」
就指向著「諸法真實的相狀」，也就是《般若經》所說的法性、實際、真際。
在諸法的真實相狀——「空」中，沒有來，沒有去，沒有生，沒有滅，沒有
垢，沒有淨，沒有知，沒有得，一切的一切，都歸於空寂。《放光般若經》卷
五〈衍與空等品〉說：

> 摩訶衍亦不見來時，亦不見去時，亦不見住處。何以故？諸法不動
> 搖故，諸法亦不去，亦不來，亦無有住處。〔註60〕

「摩訶衍」（mahāyāna）是「大乘」的意思，也就是說，在大乘佛法中，沒有
過去（去時）、現在（住處）、未來（來時）。因為諸法的真實狀態——「空」，
是無所動搖的，故諸法亦不去，亦不來，亦沒有現在（住處）。

三世空、無來、無去、亦無住，是《般若經》的基本思想，然而，在《般
若經》中，有時也會有去、來、住的描述，如《摩訶般若波羅蜜經》卷六〈出
到品〉說：

> 摩訶衍從三界中出，至薩婆若中住，不動故。須菩提，汝所問是乘，
> 何處住者。……是大乘無住處。何以故，一切法無住相故。〔註61〕

「三界」指欲界、色界、無色界，是佛教中一切生命的活動場域。「薩婆若」
（sarvajña）即一切智的音譯，是佛通達諸法總相的智慧。上文說大乘「從三
界中出，至薩婆若中住」，就是說大乘佛教的修行者，超越一切眾生的生命活
動場域，從三界中出離而到達一切智，並住在一切智的狀態中。這明明是說：
有出、有至、有住的，這與《般若經》的「大乘無住處」、「一切法無住相」
的教義，豈不是相互矛盾嗎？《大智度論》從「第一義諦」和「世俗諦」兩
個層次解釋這個問題，如《大智度論》卷五十〈釋出到品〉中說：

> 大乘即是無相。無相，云何有出、有至？
> 諸法皆空，但有名字相，假名語言。今名字等亦空，以喻無相。第

〔註58〕同前註，P335a。
〔註59〕同註13，頁522。
〔註60〕同註54，P32c。
〔註61〕《摩訶般若波羅蜜經》卷六〈出到品〉，大正八，No.223，P260b。

> 一義中，不可得。世俗法中，有相。……用如是法，從三界出，至
> 薩婆若中住。非是實法，亦無所動。……

以空不二法故，言住，如幻如夢，雖有坐臥行住，非實是住。菩薩亦如是，
雖言到薩婆若住，亦無定住。

佛此中自說：一切法從本已來，無住相。云何獨大乘有住？

若有所住，以畢竟空法住。譬如「如」、「法性」、「法相」、「實際」，非住
非不住。……不住者，說空破有。非不住者，說世諦，方便有住。不住者，
說無常，破常相。非不住者，破滅相。〔註62〕

「空」、「無相」是大乘佛法的中心論旨。「出」、「至」都是所謂的「相」，
既然是「無相」，爲什麼說「有出、有至」呢？《大智度論》認爲：在第一義
諦（即真諦，指「真實的狀態」）中，是一切法皆「空」，但有名字的。更進
一步說，就連假名言語的名字，亦復是「空」的。所以在第一義諦中，是一
切法無相，一切法不可得的。但是，在世俗諦中（指「現象世界」），不但有
名字相，一切法也是有相的。所以，《經》中「從三界中，至薩婆若中住」，
是從世俗諦的角度說的。世俗諦的「住」或「至」，是但有名字相的。在「一
切法空」的狀態下，所謂「住」或「至」，只是如幻夢中的坐臥行住，而不是
真實的坐臥行住，故云「無定住」、「非是實法，亦無所動」。

又，「空」、「無住」既然是《般若經》的基本思想，那麼，爲什麼又在大
乘法中說「有住」呢？論主就這樣的問題，提出了兩點說明：一、若說大乘
法「有所住」，那也只是住在「畢竟空」中，「畢竟空」就是一切法空，空亦
復空的「如」、「法性」、「法相」、「實際」。因此，「以畢竟空法住」，就是住於
無相、不可得的諸法空的狀態中。這樣的「住」，也可以說是「住而無住」，
或是「非住非不住」。二、「非住非不住」帶有破邪顯正的意味。說「不住」
的無常義，破外道對於「恆常」、「有住」的執著。說「非不住」，是就世俗諦
的方便施設，而說「有住」，就是要破斥「斷滅」空無的見解。

總之，在運動的問題上，般若中觀學派也說諸法「無來無去」。但是，說
一切有部的「無來無去」義，是建立在法體「三世實有」，有爲法的「刹那生
滅」的基礎上的。而般若中觀學的「無來無去」義，則是建立在「一切法空」、
「三世無」、「假名」、「如幻」的「空」義上。可見，雖然說一切有部和般若
中觀學派，都可以說是持有「無來無去」的運動觀，但其論證的後設基礎卻

〔註62〕《大智度論》卷五十〈釋出到品〉，大正二十五，No.1509，P421a-b。

是完全相反的。那麼，僧肇「物不遷」的運動觀，到底是否切近般若中觀學派的運動觀，抑或是帶有了說一切有部的色彩？這就是下文所要討論的問題。

四、僧肇〈物不遷論〉的運動觀及其後設基礎的檢視

（一）〈物不遷論〉的運動觀

一般人眼見生死交謝的人生歷程，以及寒暑迭遷的時節變化，而感嘆時光飛逝，人事遷流。而僧肇則認爲這種流動的感覺，是不符合眞實的：

> 夫生死交謝，寒暑迭遷，有物流動，人之常情。余則謂之不然。何者？《放光》云：「法無去來，無動轉」者，尋夫不動之作，豈釋動以求靜，必求靜於諸動。必求靜於諸動，故雖動而常靜。不釋動以求靜，故雖靜而不離動。〔註63〕

僧肇開宗明義地指出：眼見生死交謝、寒暑迭遷的現象，以爲「有物流動」，這是人之常情。但是，他則認爲「不動」（即「不遷」）才是萬法的眞實。而所謂「不動」，並不是離開運動的現象而追求靜，而是必須在動中求靜。因爲在動中求靜，所以「雖動而常靜」；因爲不離開動而求靜，所以「雖靜而不離動」。因此，僧肇「不遷」的運動觀，可以說是：即動即靜，靜不離動的。

「不遷」可以說是〈物不遷論〉的中心思想，也是全篇論文所要論證的觀點。僧肇對於「物不遷」的論證，可以細分爲「事各性住於一世」、「言去不必去，稱住不必住」和「果不俱因」三個層次來說明，〔註64〕但是，其中「物各性住於一世」的論證，可以說最爲關鍵，其他的兩個論證，其實都可以收攝在「事各性住於一世」的論證中。以下分別就「事各性住於一世」、「稱住不必住」和「果不俱因」三個層次，說明僧肇對「物不遷」的論證。

（1）「事各性住於一世」明「不遷」：「事各性住於一世」是僧肇建立「物不遷」的運動觀的重要論證，而所謂「事各性住於一世」，就是「昔物自在昔」、「今物自在今」：

> 人之所謂動者，以昔物不至今，故曰動而非靜。我之所謂靜者，亦以昔物不至今，故曰靜而非動。……既知往物而不來，而謂今物而

〔註63〕《肇論・物不遷論》，大正四十五，No.1858，P151a。

〔註64〕請參考拙作《僧肇思想研究——兼論玄學與般若學之交會問題》（國立臺灣大學，中國文學研究所，碩士論文，民國85年），頁123～134。

> 可往。往物既不來，今物何所往。何則？求向物於向，於向未嘗無。
> 責向物於今，於今未嘗有。於今未嘗有，以明物不來。於向未嘗無，
> 故知物不去。覆而求今，今亦不住。是謂昔物自在昔，不從今以至
> 昔。今物自在今，不從昔以至今。〔註65〕

一般人所說的流動或變化，是因為過去的事物不會來到現在，所以說：事物是變動而非靜止的。但是，僧肇也正是因為過去的事物不會來到現在，而說：事物是靜而非動的。

僧肇認為既然過去的事物不會來到現在，則現在的事物也不會延伸到未來。但是，過去的事物，在過去的時空中，是真實發生過的。然而，如果在現在的時空中，尋找過去的事物，則過去的事物並不在現在的時空中。可見，過去的事物並不來現在。過去的事物在過去，可知物不去。從過去的事物不來現在，推知現在的事物，也不去未來。僧肇把過去的事物鎖定在過去，現在的事物鎖定在現在，認為並沒有一物從過去來現在。現在的事物不是過去的事物，所以說「昔物自在昔，不從今以至昔。今物自在今，不從昔以至今」。

今、昔如推到極致，就是剎那生滅，僧肇在〈物不遷論〉中，舉出了孔子與顏回的對話，作為時間川流不息，剎那生滅的說明：

> 仲尼曰：「回也見新，交臂非故」。如此，則物不相往來，明矣。既
> 無往返之微朕，有何物而可動乎？〔註66〕

事物都在剎那間生滅變化，以新代故，過去的，就成為過去，並不能延續到現在，現在也不能伸展到未來。可見，在過去、現在、未來三世中，並沒有一個同一不變的實體。因此，一物從前一剎那過渡到後一剎那，已經是以新代故。「故」自在「故」而不動，「新」自在「新」而不去，此中並無同一的實體，從前一剎那的時空過渡到後一剎那的時空，因此一物從一時空遷移到另一時空的運動並不存在，所以僧肇說「既無往返之微朕，有何物而可動乎？」「物不遷」說於焉成立。

僧肇又以梵志出家，白首而歸的故事，作為「物不遷」的說明：有一位梵志（修行人），年輕時便離開家鄉，出家修行。一直到晚年才回到家鄉。此時，梵志已經滿頭白髮，而鄰人以為「昔人尚存」。僧肇認為：滿頭白髮的老人，已經與當初離開家鄉的年輕人不同，但是，鄰人以為「昔人尚存」，那是

〔註65〕 同註62，P151a-b。
〔註66〕 同註62。

因為鄰人認為「少壯同體，百齡一質」。不知道變化之塗不一暫停，剎那之間已捨故趣新，前人非後人，此中並無同一不變的「體」「質」。今自在今，昔自在昔，故梵志曰：「吾猶昔人，非昔人也」。由此推之，必然得到「旋嵐偃嶽而常靜，江河競注而不流。野馬飄鼓而不動，明月歷天而不周」〔註67〕的「不動」的結論。前嵐非後嵐，前嵐自在前，不從前而來後，後嵐自在後，不從後以去前，如此，旋嵐雖動而常靜，動不離靜。依此而言，江河競注、野馬飄鼓、明月歷天，都是即動即靜，雖動而常靜的。

（2）「言去不必去，稱住不必住」明「不遷」：因為即動即靜，雖動而常靜，故所謂的「去」，不是真的「去」，同樣，所謂的「住」，也不是真的「住」，〈物不遷論〉說：

> 若動而靜，似去而留，可以神會，難以事求。是以言「去」不必
> 「去」，閑人之常想。稱「住」不必「住」，釋人之所謂「往」耳。
> 〔註68〕

在這一段引文中，僧肇其實是採取了「世俗諦」和「第一義諦」的二諦義來說明「去」與「不去」、「住」與「不住」的關係。因為剎那生滅，以新代故，因此，所謂「去」，只是就世俗諦，方便施設說為「去」。若就第一義諦說，其實也並沒有同一的實體從前一剎那「去」後一剎那，所以，說「去」，並不是真有一法可以「去」，而是為了防止人們有恆常不變的見解；同樣的，稱「住」，也不是真有一法可「住」，因為剎那生滅，刻不暫停，最後也必然要成立「無住」義，所以，所謂的「住」，也只不過是世俗諦的施設，目的是為了息止人們所謂遷動的想法，故依世俗諦施設為「住」，而就第一義諦而言，則「住」亦不可得。

僧肇依「事各性住於一世」義，不但說「言去不必去，稱住不必去」，更進一步，甚至說「古今常存」、「在昔不化」：

> 言住不必往，古今常存，以其不動。稱去不必去，謂不從今至古，
> 以其不來。不來，故不馳騁於古今。不動，故各性住於一世。
> 若古不至今，今亦不至古。事各性住於一世。有何物而可去來。……
> 是以如來功流萬世而常存，道通百劫而彌固。成山假就於始簣，修
> 途託至於初步，果以功業不可朽也。功業不可朽，故雖在昔而不化。

〔註67〕 同註62，P151a。
〔註68〕 同註62，P151c。

不化故不遷。〔註69〕

所謂「往」（即「去」），只是世俗諦的方便施設，若就第一義諦觀之，則「昔物自在昔」，無一物可從昔至今。不從昔至今，故物不動，不動故，古今常存。同樣，所謂「去」，也只是世俗諦的方便施設，若就第一義諦觀之，則「今物自在今」，不從今至古。不從今至古，故物不來。「不來」，則不能從今至古，故曰「不馳騁於古今」。「不動」，則不從古至今，故「各性住於一世」。物各性住於一世故，物不從古至今，亦不從今去古，而「物不遷」明矣。

　　所謂「古不至今，今亦不至古」，就是「事各性住於一世」，也就是「昔物自在昔」、「今物自在今」。僧肇不但說「昔物自在昔」、「今物自在今」，更進而說「在昔不化」。他認為佛陀雖然已經入滅了，但是如來的功業，卻是經歷萬世而常存。僧肇又以「巍巍高山始於一簣之土，萬里修途必始於初步」的事例說明，一簣之土雖然不是巍巍高山，但是，沒有最初的一簣之土，就沒有後來的巍巍高山；第一步雖然不能跨出萬里之遙，然而萬里之途必始於初步，所以，雖然在現在的巍巍高山或萬里之途中，已經看不到「始簣」或「初步」了，但是「始簣」與「初步」卻是真實地存在或發生在過去的時空之中，這是真實不變的，所以說「功業不可朽」、「在昔而不化」。說到這裏，就牽涉到「果不俱因」、「因不昔滅」的問題。

　　（3）「果不俱因」明「不遷」：「昔物自在今，不從今以至昔。今物自在今，不從昔以至今」。這樣昔物（前物）與今物（後物）之間是甚麼關係呢？佛教以因果前後相續的關係說明這一問題，而僧肇也以因果關係來證成「物不遷」的理論：

　　　　果不俱因，因因而果。因因而果，因不昔滅。果不俱因，因不來今，

　　　　不滅不來，則不遷之致明矣。〔註70〕

在因果關係中，有「因先而果後」的特性。〔註71〕而因果又是不能同時存在的，因此僧肇說「果不俱因」──在果中沒有因。因、果雖然不同時，但「果」卻是因緣和合而生起的，所以說「因因而果」。譬如把泥造成壺，要有水、陶泥、輪盤、陶窯、火還有陶工等因緣會合而成。但在已經燒成的壺（果）中，

〔註69〕同前註。

〔註70〕同註62。

〔註71〕印順法師說：「因先而果後，這是因果間必有的特性」，見《中觀論頌講記》
　　　　頁364。

已經沒有水、陶泥（因）等，可見「果不俱因，因不來今」。但並不能說水、陶泥等因緣已滅，因爲，因緣滅而有果生，「果」便成了無因而生起的。有果必有因，故說「因因而果」，「因不昔滅」而相續繼起而生果。「果不俱因」即「昔物自在昔」；「因不昔滅」即「在昔而不化」。「果不俱因，因不來今」即「今物自在今，不從昔以至今」。「不滅」即「因不昔滅」；「不來」即「因不來今」，因不昔滅又不來今，故「不遷之致明矣」。

　　以上就是僧肇對於「不遷」的論證，其中「事各性住於一世」可以說是〈物不遷論〉最主要的論證，其他的兩個論證，都只是「事各性住於一世」義的引伸而已。

（二）〈物不遷論〉後設基礎的檢視

　　僧肇〈物不遷論〉的運動觀，是明白而清楚的，因爲，整篇論文的中心主旨就是在論證「物不遷」的運動觀。而所謂的「物不遷」與「無來無去」，其實並沒有差別。然而，從上文的論述中，我們也知道，「無來無去」並不是般若中觀學派的獨特見解，事實上，主張「三世實有，法體恆存」的說一切有部，同樣也是持「無來無去」的運動觀的。那麼，僧肇〈物不遷〉雖然也說「物不遷」，但是，我們並不能因爲他說「物不遷」，就肯定他是切近般若中觀學派的思想的，而必須就其理論的後設基礎，作更進一步的考察，才能確定僧肇〈物不遷論〉的運動觀，是否切近般若中觀學派的正義。

　　「物不遷」是〈物不遷論〉的中心主旨，而僧肇分別從「事各性住於一世」、「言去不必去，稱住不必住」和「果不俱因」三個層次來論證「物不遷」的運動觀。現在，我們也從這三個層次來檢視〈物不遷論〉的論證基礎，看看〈物不遷論〉的運動觀是否切近般若中觀學派的思想。

　　（1）「事各性住於一世」的檢視：僧肇在〈物不遷論〉中，一開始就明白表示：他成立「物不遷」的運動觀，是根據《般若經》和《中論》的思想的：

> 《放光》云：「法無去來，無動轉」者，……試論之曰：《道行》云：「語法本無所從來，去亦無所至」。《中觀》云：「觀方知彼去，去者不至方」。斯皆即動而求靜，以知物不遷，明矣。〔註72〕

僧肇引用《放光般若經》、《道行般若經》和《中論》的思想，作爲他「物不

〔註72〕同註62。

遷說」的經典證明。可見，在僧肇的主觀認定中，他是把「物不遷」的運動觀，建立在般若中觀學派的理論基礎上的。然而，〈物不遷論〉所採取的論證過程，及其後設基礎，是否真的符合般若中觀學派的思想，則有待進一步的討論。

僧肇所引《放光般若經》的原文是：「諸法不動搖故，諸法亦不去，亦不來，亦無有住處。何以故？五陰性、五陰相、五陰事、五陰如，亦不來，亦不去，亦無住處」。〔註73〕所引《道行般若經》的原文是：「空本無所從來，去亦無所至。……幻本無所從來，去亦無所至」。〔註74〕《道行般若經》的意思是說：在一切法空、如幻的前題下，諸法無所從來，去亦無所至。《放光般若經》的五陰性、相、事、如，在《般若經》的思想脈絡中，都是性空如幻的，因此，在性空如幻中，說諸法亦不去，亦不來，亦無有住處。兩經雖然文字稍有不同，而思想卻是一致的。至於僧肇所引《中論》「觀方知彼去，去者不至方」的原文，一般認為是出自《中論・觀去來品》：「已去無有去，未去亦無去，離已去未去，去時亦無去」。〔註75〕《中論》從已去（過去），未去（未來），去時（現在）三時，論實有「去」法的不可得，以邏輯論證的方式，論證了《般若經》「諸法亦不去，亦不來，亦無有住處」的思想。

僧肇所引的兩《經》一《論》，幾乎可以概括整個般若中觀學派的運動觀，兩部僧肇都是說：在性空、如幻的前提下，無去亦無來。《中論》則在論證實有的去法不可得。但是，緣起如幻的去、來卻是有的。僧肇就是引用了這兩《經》一《論》，作為「雖動而常靜」，「雖靜而不離動」的經典證明，他接著說：

> 尋夫不動之作，豈釋動以求靜，必求靜於諸動。必求靜於諸動，故雖動而常靜。不釋動以求靜，故雖靜而不離動。〔註76〕

在這一段文字中，最關鍵的觀念是「靜」，而不是「動」。所謂「動」，無非是指「運動」、「變化」等義。而「靜」，到底是什麼意思呢？僧肇是取「靜止」、「停住」義呢？還是取「空寂」、「寂滅」義呢？這就牽涉到僧肇「物不遷」

〔註73〕 《放光般若經》卷五〈衍與空等品〉，No.221，P32c。參考李潤生《僧肇》（臺北，東大出版社，民國78年初版），P163。
〔註74〕 《道行般若經》卷九〈薩陀波論菩薩品〉，No.224，P473c。參考李潤生《僧肇》P165。
〔註75〕 《中論》，大正三十，No.1564，P3。參考服部正明〈肇論における中論の引用をあぐって〉（見塚本善隆編《肇論研究》頁223）。
〔註76〕 同註62。

的運動觀，及其後設基礎的問題。

如果僧肇能就所引用的兩《經》一《論》的「性空如幻」的思想，加以發揮論述，則可以說是完全切合般若中觀學派的運動觀的。而其所謂「尋夫不動之作，豈釋動以求靜，必求靜於諸動。必靜於諸動，故雖動而常靜。不釋動以求靜，故雖靜而不離動」一段，也可以理解為：「諸法不動或不遷的論點，並不是離開動而求靜，而必須是在動中求靜。必須在動中求靜，故雖然生滅變動，而『體性空寂』。不離開動而求靜，則雖然『體性空寂』，而不離變動。」如果採取這樣的解釋，則所謂的「靜」，並不是取「靜止」、「停住」義，而是取「空寂」、「寂滅」義。也就是說，「不遷」的後設基礎是一切諸法「體性空寂」的般若思想。

但是，我們在〈物不遷論〉中，似乎未見僧肇就兩《經》一《論》的思想繼續闡發。而另唱「各性住於一世」義，並且以「各性住於一世」作為他整個「物不遷」的動物觀的後設基礎。而「各性住於一世」也正可以視為僧肇對於「靜」的解釋。因此，我們可以說，僧肇所謂「靜」，就是指「事物剎那生滅，停住於特定的時空」的意思，也就是〈物不遷論〉中所說的「昔物自在昔」、「今物自在今」的意思。所以，僧肇所說的「靜」，並不是取「空寂」、「寂滅」義，而是取「靜止」、「停住」、「剎那生滅」義的。正因為「靜」是取「靜止」、「停住」義，所以僧肇在〈物不遷論〉中，用了很大的篇幅在說明「昔物自在昔」、「今物自在今」的道理。

不但是「昔物自在昔」、「今物自在今」，更進一步，僧肇甚至說昔物自在昔而「不化」，所謂「功流萬世而常存，道通百劫而彌固」、「功業不可朽」、「在昔而不化」、「不化故不遷」等，在在都是說明：過去的事物是真實地發生過，並且永遠存在於過去的時空中。按照僧肇的邏輯，我們也可以說今物自在今，就是現在的事物在現在這一剎那的時空中，真實地存在著，並且不會從今到昔。這與說一切有部「法體恆存，作用生滅」，以及過去的法體永遠存在於過去的「三世實有」的思想，在思維模式上是十分類似的。唯一不同的是：說一切有部明確的肯定「法體」（極微）的恆存；而在僧肇〈物不遷論〉中，我們無法確定僧肇是否有「法體」的概念。若就《肇論》四篇論文的整體思想來看，僧肇不太可能持有「法體」的觀念。尤其是〈不真空論〉，就是在論述非定有、非定無，緣起、假名、如幻的「空」理的。但是，般若中觀學派在論述運動問題時，無不是緊扣緣起、性空、假名、如幻和三世無等《般若經》

的中心思想來談的；而〈物不遷論〉在討論運動問題時，卻沒有就緣起、性空、如幻等般若中觀學派的核心概念加以闡述，反而就「事各性住於一世」作爲其「物不遷」的後設基礎，這與般若中觀學派的思維方式是有距離的。這也正是明·鎭澄《物不遷論正量論》所說的：《般若經》是以「諸法性空爲不遷」，而〈物不遷論〉則是以「物各性住爲不遷」。〔註77〕

（2）「言去不必去，稱住不必住」的檢視：本來，在般若中觀學派的思想中，所謂去、來、住，都是就世俗諦說的，若就第一義諦而言，則去、來、住，都是空、如幻如夢、了不可得。如《大智度論》說：「第一義中，不可得。世俗法中，有相」，又說：「以空，不二法故，言住，如幻如夢，雖有坐臥行住，非實是住」。〔註78〕可見，般若中觀學派也有「言去不必去，稱住不必住」的思想，但是，般若中觀學派所說的，無不是扣緊空、如幻的思想而發揮。

然而，僧肇〈物不遷論〉所說的「言去不必去，稱住不必住」，卻是就有爲法的刹那生滅說的。刹那生滅說，在說一切有部中，有詳細的論述，說一切有部根據刹那生滅義，說諸法無來無去，亦無住，如尊者世友說：「諸行無來，亦無有去，刹那性故，住義亦無」。〔註79〕僧肇引用孔子「回也見新，交臂非故」的說話，作爲「昔物自在昔」、「今物自在今」的論證。而所謂「回也見新，交臂非故」，與說一切有部刹那生滅的思想，是相當類似的。所不同的，是說一切有部刹那生滅是建立在「法體恆存，作用生滅」的基礎上；而我們卻沒法確定僧肇〈物不遷論〉是否有「法體」恆存的觀念而已。

〔註77〕明·鎭澄謂：《般若經》以「諸法性空爲不遷」，而〈物不遷論〉則是以「物各性住爲不遷」。言下之意，謂僧肇〈物不遷論〉的思想，不符合《般若經》緣起性空的中心義理。在明代當時，也有道衡爲僧肇辯護，謂「性空」與「性住」，只是名異而實無不同。道衡認爲「性空」即《般若經》所說的「色即是空」的當體空義。而「性住」即《妙法蓮花經》所說的「法住法位，世間相常住」，則「性住」就是指「諸法恆住於眞空實性之中」。筆者以爲，《妙法蓮花經》在佛教中，屬於「眞常妙有」的系統，而《般若經》則屬於「畢竟空」的系統，兩經體系不同，以《妙法蓮花經》的思想，印證《般若經》的思想，實屬不倫。再者，《妙法蓮花經》所說的「法住法位，世間相常住」，是指諸性超越時空的因素，而有其恆常的法則。但是，僧肇〈物不遷論〉所說的「事各性住於一世」，則完全沒有超越時空的意味，相反的，卻是把有爲法的刹那生滅鎖定在特定時空序列下來處理的。可見道衡替僧肇〈物不遷論〉的辯護，是沒有說服力的。

〔註78〕同註61，P421a。

〔註79〕同註17。

　　雖然，在消解說一切有部「法體」觀念的前提下，般若中觀學派也可以同意剎那生滅的說法，但是，僧肇說「事各性住於一世」，又說「在昔不化」、「功業不朽」、「萬世常存」，則與說一切有部法體作用雖滅，而法體卻恆存於過去的思想，有著異曲同工之妙。因此，即使我們就〈不真空論〉等論文，確定僧肇沒有說一切有部「法體恆存」的觀念。但是，卻不得不說，〈物不遷論〉在思維模式上，帶有濃厚的說一切有部的色彩。

　　（３）「果不俱因」的檢視：剎那生滅義，也可以從因果引生的關係說。前一剎那的有為法是「因」，所引生後一剎那的有為法是「果」。僧肇認為：在後生的「果」中，沒有先前的「因」（果不俱因），但是，雖然在「果」中找不到「因」，「果」卻是因為「因」才能生起。「因」在過去並沒有息滅（因不昔滅），也沒有來到現在的「果」中。僧肇並以「不滅不來」，證成「不遷」之說。僧肇的這種思考方式，也與說一切有部過去法體恆在的思想，極其相似。

六、結　論

　　「無來無去，亦無所住」，可以說是說一切有部和般若中觀學派所共有的運動觀。說一切有部把「無來無去，亦無所住」的運動觀，建立在「法體恆存，作用剎那生滅」的後設基礎上；而般若中觀學派則在「緣起性空，假名如幻」的基礎上談「無來無去，亦無所住」。

　　本來，在消解對「法體」的執著的前提下，般若中觀學派也可以談剎那生滅或因果牽引的作用。但這些都只是就世俗諦的方便施設說的，若就第一義諦而言，則剎那生滅或因果牽引的作用，都是緣起性空、如夢如幻、了不可得的。所以《中論》所說的「八不」中道：「不生亦不滅，不常亦不斷，不一亦不異，不來亦不出」，〔註80〕其實都是就第一義諦說的，印順法師說：「觀察緣起的自性，八事不可得，本是勝義諦的八不觀，所以可說是依第一義諦說的」。〔註81〕可見，生滅、常斷、一異、去來等問題，般若中觀學派都是就第一義諦說的，亦即是就緣起、性空、如幻說的。

　　僧肇在〈不真空論〉中，討論了有為法的生滅問題；而在〈物不遷論〉中，則是討論了有為法的去來問題。〈不真空論〉就二諦（世俗諦和第一義諦）說諸法的非定有、非定無，說緣起、假名、如幻的「空」義，可以說是切近

〔註80〕《中論‧觀因緣品》，大正三十，No.1565，P39c。
〔註81〕印順法師《中觀論頌講記》，頁55。

般若中觀學派以第一義諦說「生滅」問題的態度。但是，〈物不遷論〉卻未能
就緣起性空的第一義諦說「去來」的問題，而就剎那生滅說「不遷」，而「剎
那生滅」義，在般若中觀學派中，則只是屬於世俗諦的方便施設而已。

　　我們雖然不能說：僧肇在討論「物不遷」的問題時，有像說一切有部的
「法體」的觀念，但是，在〈物不遷論〉中，也未見以緣起性空、假名如幻
的思想，作為他成立「物不遷」的後設基礎。相反的，僧肇以剎那生滅說「不
遷」，又說「功業不可朽」、「在昔不化」、「因不昔滅」，則在思維模式上，與
說一切有部是非常相似的。

　　因此，我們若把《肇論》的四篇論文視為一完整的思想體系，則我們不
能說〈物不遷論〉有說一切有部的「法體」的觀念。但是，從上文的論述中，
我們也可以發現：僧肇並未能把般若中觀學派「緣起性空」的中心思想，應
用在運動問題的討論上。而且，如果我們就思維模式的角度檢視，則〈物不
遷論〉的論證方式，與說一切有部對於「無來無去」的論證方式是非常類似
的。因此，若單獨以〈不真空論〉的思想，作為僧肇般若思想的指標，則僧
肇無疑是「醇乎其醇」的。但是，如果參照〈物不遷論〉的話，則未免「大
醇而小疵」了。此所以明代鎮澄，乃至當代印順法師，對於僧肇〈物不遷論〉
的思想，都頗有疑慮的原因。也因此，唐代元康以下的《肇論疏》，大都視〈不
真空論〉為真諦教，而視〈物不遷論〉為俗諦教了。